일 덜 하는 기술

일 덜 하는 기술

일은 적게 하면서
인생은 자유롭게 사는 법

악셀 브라이히 / 울리히 렌츠 지음
변상출 옮김

목차

서문

인간은 얼마나 많은 노동을 필요로 하는가?

"우린 너무 바빠서 죽을 여유도 없다."
비비안느 포레스터 (Viviane Forrester)

독일 사람들 가운데 80% 이상이 실직을 가장 중요한 정치적 이슈로 바라보고 있다.[1)]

비근한 예로 독일의 유수 신문 『빌트 짜이퉁』지(誌)*나 『파쯔』지(誌)*, 텔레비전이나 라디오, 하여간 어떤 매체에서든 화제로 삼는 것은 일자리와 관련된 문제이다. 사람들에게 어떻게 다시 임금과 밥을 제공할 것이며, 어떻게 직장을 마련해 주고 고용할 것인가 말이다.

그러나 이 책은 다른 목표를 추구할 것이다.

중요한 것은 **일과 맺는** 우리 모두의 **개인적 관계**이다.

물론 이 관계에서 우리가 목격하게 되는 것은 실직과 연관된 문제들이기는 하지만, 흔히 우리는 또 다른 어려운 문제들을 만나게 된다.

즉 그것은 우리가 일에서 더 이상 해방될 수 없는 것처럼 보인다는 것이다. 이건 너무 우리를 압박하고 있어서 우리가 여기서 평생 못 벗어나는 것은 아닌가 하는 생각을 악몽처럼 달고 다닐 때도 있지 않은가?

많은 사람들이 스트레스와 초과노동을 냉장고와 텔레비전을 대하듯 필수품처럼 여기고 있다.

우리는 스스로 자기 자신을 노예로 간주하고 자신에게 채찍을 휘두른다. 우리는 항상 새로운 짐을 어깨에 걸머 맬 각오를 하고 있다. 그러면서 동시에 이율배반적으로 맷돌 돌리는 일에서 벗어나길 갈망하고 있는 것 아닌가.

이제부터 우리가 문제로 삼으려는 것은 **일에서 오는 고통**이다.

이 책의 공동 저자인 우리들도 직업으로부터 고통을 받고 있다. 한 사람은 의사라는 직업에서 오는 스트레스로 고통을 받고 있으며, 다른 한 사람은 끊임없이 물건을 만들어 내야 하는 제조업자 겸 경영자로서 겪는 스트레스 때문에 고통을 받고 있다.

물론 우리는 사회적 신분 덕분에 많은 혜택을 누리면서 돈도 많이 벌었지만, 주당 **70시간**을 일하기 때문에 여러 가지 점에서 인생을 더 빈곤하게 만들기도 했다. 일이 가장 잘 풀리고 있는 바로 그 때, 우리가 참으로 인생을 덧없이 보내고 있구나 하는 느낌이 가끔 들었다. (이건 바로 이 책을 읽고 있는 독자들 자신도 그렇지 않은가?) 그리고 나서 우리는 하루 매시간 매분을 유익한 활동으로 꽉 채우려는 우리 자신의 광기를 점차 의식하게 되었다.

우리는 쉬지 않고 일하고 만들어 내며, 활동하여 유능한 사람이 되고자 한다. 생활의 일상에서 만나는 여타의 그 모든 것보다 더 중요한 사업이 항상 생겨나며, 이 사업에 늘 발목 잡히고 있다.

우리가 폭넓은 다양한 삶을 아무 생각 없이 잃어가고 있었을 때 시간은 곤두박질치고 있었던 것이다. 그래서 우리는 더욱 자주 이런 문제들을 떠올려 보게 되었다.

우리는 우리 생활을 정말 이런 식으로 밖에 생각해 보지 못했는가?

직업상의 성공과 생활에서의 성공 — 삶의 행복 — 이 서로 어떤 관계가 있는가?

우리의 부산한 활동이 도대체 무엇 때문에 수많은 이웃 사람들에게 모범적인 것으로 비쳐지는가?

일이 우리 인간에게 이토록 소중한 것이 되게 한 것은 무엇일까? 이런 일이 계속 가능할까?

무엇보다 우리 자신을 위해서 우리는 무엇을 바꿀 수 있을까?

　일을 더 적게 하면서 인생을 더 아름답게 꾸려나갈 수는 없을까?

　어느 정도의 노동이면 우리에게 적당할까?

　이 책은 이 모든 문제들을 세밀히 하나하나 검토해 나갈 것이다. 인간과 노동의 근본관계를 역사 및 사회와 정치적 관점에서 따지는 것은 물론이거니와 특히 우리 인간 자신에게 있어서 그 근본관계를 철저히 규명할 것이다.

　우리는 우리 자신이 꿈꾸면서 뼈저리게 경험했던 직업들과 언젠가 우리가 수행했던 직업생활이 우리 삶에 끼쳤던 해악들에 관해서 논의하고자 한다.

　먼저 노동 영웅들의 이면을 살핀 후, 언뜻 보면 단순한 것같지만 실제로는 중요한 의미를 내포하고 있는 다음과 같은 문제들을 제기할 것이다.

　단순한 밥벌이를 제외한다면, 인간을 노동에 묶어 두는 것이 도대체 무엇일까?

　우리는 우리의 욕망을 충족시키기 위해 노동을 하는가?

　아니면 우리에게는 노동 그 자체가 욕망인가?

　생계노동을 그토록 매력적인 것으로 보이게 만드는 것은 무엇인가?

프로가 우리 시대 영웅이 될 만큼 일이 그렇게 매력적인가?

그러나 그런 영웅조차도 좀더 가까이서 들여다보면 대개 비극의 주인공이라는 사실을 알게 된다. 그의 경우 혼히 일이 인생을 대신하고 있다. 업적과 성과를 통해 그렇게 자발적으로 성취하려 했던 행복의 약속은 신기루로 나타난다. 성공의 대가는 온통 망가진 인생일 뿐이다. 노동의 이러한 어두운 면이 우리의 집단의식 속에서 배제되어 있다. 그래서 경력과 승진이라는 말은 바로 마술의 힘과 같은 빛을 발산할 수 있는 것이다.

그런데 노동이 어느 시대에서든 이처럼 높이 평가된 적이 없었다는 사실은 노동의 역사를 산책해 보면 확인할 수 있다. 이 산책로에서 우리는 "접시 닦기 – 직업"[2]이라는 노동을 만나게 된다. 이 노동은 10세기 동안 그 때마다의 엘리트들이 가능하다면 피하고 싶어했던 '필요악'과 같은 일에서 출발하여, 근대에서는 사회 및 개인 생활에서 어느 것으로도 대신할 수 없는 의미를 지닌 '직업'으로까지 발전해 왔다. 이로써 바로 오늘날, 삶의 의미와 직업의 연관성은 노동의 까다로운 유산이라는 사실이 드러난다.

현대는 인간의 노동력을 점점 더 적게 필요로 하기 때문에 말 그대로 사람들은 절망의 상태에 봉착하고 있다. 물론 이러한 발전은 더욱 심화될 것으로 보인다. 왜냐하면 현재 우리가 합리화에서 경험하는 것은 빙산의 일각일 뿐이기 때문이다. 이는 물론 한 시대의 위기의 표현이 아니라 오히려 반대로 우리 경제체제의 그 잘난 성공의 징후를 의미한다. 노동을 점점 더 줄이고 부를 더욱 더 많이 쌓는 것이 경제목표로 되고 있다.

이건 정말 환호할 만한 노릇이 아닌가?

그러나 노동이 인간 존재의 목표이고 삶의 내용이 되는 한은, 그 결과는 파국이지 않겠는가!

그렇다면 우리는 노동의 감소도 어떤 기회로 파악할 수는 없을까?

현재의 정치는 이런 관점과는 동떨어져 있는 것처럼 보인다. 온갖 정치적 당파들과 기업가 및 조합들로 구성된 신성 동맹은 죽어가고 있는 노동을 살리려고 안간힘을 쓰고 있다. 게다가 타산이 맞지도 않는 일자리와 고용창출을 위한 온갖 조처들에 수 십억을 쏟아 붓고 있다.

이런 명목으로 사람들을 재미도 없는 싸구려 노동판으로 내몰고 있으며, 사람들은 여하튼 간에 고용되어야 한다는 식이다 (또 그렇게 되길 원한다). 마치 19세기의 머슴살이 사회가 부활되는 듯하다.

우리는 노동으로부터 제약을 더 적게 받는 인생을 가능하게 하는 일 (이건 우리들 누구나가 바라는 일이 아니던가!) 등등보다 오히려 고용창출에 더 많은 노력과 지식을 쏟고 있는 것 같다 (거꾸로 되도 한참 거꾸로 된 것 아닌가).

물론 우리의 관심사는 정치적 해결책을 제시하는 데 있지 않다. 그 이유는 우리와는 다른 각도에서 '일을 덜하는' 모임을 만들자는 의미심장한 제안들이 이미 오래 전부터 제시되어 왔기 때문만 아니라, 무엇보다도 정치적 변화란 우선 사람들의 태도가 바뀔 때 비로소 가능하다는 확신 때문이기도 하다.

노동사회를 구제하려는 필사적 노력들은 일단 정치의 실패에서 비롯된 것이라기보다는 선택 당사자들이 일관되게 그것을 요구한 결과이다. 노동에 대한 우리 사회의 지속적인 가치평가는 바로 그러한 요구에 의해 표출된다고 볼 수 있다.

물론 우리 모두는 무엇인가를 통해서 먹고살 수밖에 없다. 모든 사람이 여유를 부려가며 업무를 볼 수 있는 것은 아니라는 사실도 잘 알고 있다. 혼자 세 명의 아이들을 양육해야 하는 여성은 경제적 어려움을 해결하기 위해 일하는 것 외에 달리 선택할 길이 없다.

그러나 마음만 먹으면 여유 있는 생활을 쉽게 할 수 있는 넉넉한 사람들조차도 일에 광분해 있기는 마찬가지다. 우리가 사는 방식은 어쩔 수 없는 외부의 강제에 의해 좌우되기도 하지만, 무엇보다 우리가 취하는 삶의 태도와 특권심리에 의해 더 많이 좌우된다. 결국 그것은 우리가 그렇게 살기를 **원하는 것**과 관계하는 셈이다.

일에 대한 편집증이 지금까지는 대체로 남성의 질병현상처럼 보였지만, 이 책은 이런 현상에 여성도 포함해서 다루려 한다. 이 경우 우리는 어떤 오해가 생겨나지 않도록 주의할 것이다. 일에 대한 편집증이 여성에게 확대되는 현상을 비판할 때, 여성해방운동까지는 문제삼지 않을 것이다. 우리는 남성이든 여성이든 어디론가 몰아붙였다가 제자리로 돌려보내려는 의도는 없다. 다만 사무실 회전의자의 한 자리가 행복과 자아실현이라는 기대감을 충족시켜 줄 것이라는 것에 대한 우리의 의구심은 남녀 성의 구분 없이 적용될 것이다.

분명 우리는 모든 노동을 싸잡아서 나쁜 일이라고 평가하지는 않을 것이다. 누구나 자기 자신의 일에 기준을 세워야 한다고 생각한다. 감히 누가 장 프랑수아 샹폴리옹(Jean Franç-ois Champollion)이 신들린 상태서 상형문자를 해독한 일에 반대하겠는가? 그리고 누가 테레사 수녀가 캘커타에서 한 일에 반대하겠는가? 직업적 소명은 천직일 수 있다. 그것은 오늘날에도 마찬가지다.

그러나 자신의 노동에서 인생의 의미를 구한 사람이 행복을 누리는 현상은 극히 보기 드문 일이다. 아무튼 그런 사람은 아마 이 책을 읽지 않을 것이다. 반대로 우리 독자

16

들 대부분은 이 책의 저자들과 입장이 다르지 않을 것이라고 믿는다.

우리들 대부분은 노동과 맺고 있는 자신들의 관계를 근본적으로 재고하고, 다른 세계를 발견하려고 노력할 것이다. 더 이상 신분, 판매능력, 영향 따위와 관계없고, 자신들이 구상하는 멋진 인생과 관계 있는 세계말이다. 우리는 독자들에게 바로 그 세계를 발견할 수 있는 여행을 하라고 정말 권하고 싶다.

우리도 이 책을 마무리할 때쯤 비록 상상의 여행이라 할지라도 한 번 떠나볼 계획이다. 이런 여행은 사회에서 한자리를 보장받기 위해 일에 인생을 바치는 프로의 슬픈 모습을 우리로 하여금 벗어 던질 수 있게 한다. 그 대신 우리는 까마득히 잊고 있었던 모습들을 만나게 된다. 그 모습들은 사회의 동등한 구성원으로서 인정해 주길 바라는 무직자, 아마추어, 한가한 사람의 모습들이다. 우선 그들은 자신을 직업인으로서 이해하지 않는 한결같은 공통점을 갖고 있다.

그들은 인생을 경제의 운영기관으로만 파악하지 않을 뿐더러 자신들의 꿈과 유토피아를 실현할 수 있는 공간으로서도 파악한다. 자신들의 인생을 능률과 효용의 가치에만 따라 계획하는 것이 아니라 기막힐 정도의 멋진 인생을 위해서도 문을 열어놓고 있다.

이 책은 자신을 위해서 카드를 새로 섞고, 필연의 왕국과 자유의 왕국, 유희의 왕국과 자발성의 왕국의 경계선을 새로 긋고 싶어하는 모험가들에게 용기를 북돋아 줄 것이다. 능률적인 활동과 잃어버린 여유 사이에서 새로운 균형을 발견하려는 용기를 가져주길 진정으로 기대한다.

2001년 2월,

튀빙겐과 뤼벡에서

이 책의 저자들은 독자들이 홈페이지 www.arbeitswahn.de에 다양한 의견을 보내주길 즐거운 마음으로 기다리고 있다.

한 일탈자의
일기

1

경영자

> "본래 나는 전혀 다른 사람이지만,
> 본래의 나로 돌아가는 일이 드물 뿐이다."
>
> 외덴 폰 호르바트 (Ödön von Horvath)

경영자

최근 나는 이런 생활이 옳지 않다는 생각을 더 자주 하게 되었다. 이 생활은 내가 원하지 않는 바로 그런 사람이 되도록 나를 강제로 몰고 가는 폭력을 내게 행사하고 있다. 나 자신으로 가는 길을 잃어버렸기 때문에 이 생활은 나에게 해를 입히고 있다.

내가 마지막으로 음악을 연주한 것이 언제였던가? 마지막 편지를 언제 썼던가? 아이들에게 이야기를 들려준 적이 언제였던가? 그 옛날을 기억할 수나 있을까? 지금이라도 당시의 생활감정으로 돌아갈 수 있을까?

이 일기장은 현재 4년 되었다. 한 장 한 장 넘길 때 마치 아주 오래된 옛날 일기를 읽고 있는 느낌이 든다. 어렵게 시간을 내어 겨우 나의 과거를 들여다 볼 수 있게 되었다. 마치 먼지가 뽀얗게 쌓여 있어서 만지기가 거북한 양 그렇게 멀리 두고 지냈던 것이다. 이제야 지난 시절을 더듬어 읽고 회상하면서 감정을 이입하는 꼴이 되고 말았다. 일기를 읽는 동안 거리감은 서서히 사라지고, 과거가 내게 가까이 다가와 현실이 되어, 나를 감동시키는 듯한 느낌을 받고 있다. 하지만 나는 이 이야기를 처음부터 다시 쓰고 싶은 욕심이 든다.

모든 일이 학생기숙사 이층 침대 밑에서부터 시작되었다. 기숙사 방에는 두 친구와 컴퓨터 한 대, 그리고 하나의 목적이 있었다. 무엇보다 그 때는 밤을 수없이 지새우고, 수천 번도 더 컴퓨터 앞에 앉았어도 지치지 않을 만큼 열정이 남아 돌았다.

일년 뒤에 처음으로 개인 사무실을 열었다. 사무실에는 젊은 학생 한 무리, 피자 박스와 맥주병, 프린트 용지 다발 등이 뒤죽박죽 섞인 창조적 카오스로 가득 찼고, 거기다 땀 냄새와 레이저 프린터의 오존 냄새가 뒤섞였다. 컴퓨터 통풍장치에서 뿜어져 나오는 열로 실내가 후끈후끈했다. 무엇이 나왔던가? 한 권의 책, 그래 바로 우리의 첫 작품, 책이었다!

인도 기일이 다가올 땐, 밤과 낮의 순리라는 인간의 바이오

리듬이 완전히 깨어졌다. 다락방을 남녀 친구들이 들락날락 하다가 중요한 작업을 할 땐 각자 맡은 일에 집중했다. 삽화를 만들고, 풀칠을 하고, 교정쇄를 읽고, 커피를 끓이고 다과를 내왔다. 견습본과 교정쇄가 책상 높이만큼 쌓이면 인쇄준비는 완료되었던 것이다. 새벽 3시 30분에 소포를 묶어 깨끗이 치운 책상 한 가운데 두었다.

우리는 옥상 정원에서 샴페인을 마셨다. 그러는 사이에 아침 첫 새가 지저귀었다. 쉴 새 없었던 몇 날 몇 주 간의 긴장이 풀려 나갔다. 샴페인에서 끓어오르는 거품처럼 승리감이 나를 감쌌다. 우리는 서로 포옹하고, 그리고 나서 엄청난 일을 완벽하게 해냈다는 승리감에 도취되어 여명이 밝아오는 것을 조용히 지켜보았다.

당시 우리가 일을 마무리했을 때, 성공의 무지개가 우리 위에 드리우기 시작했다는 느낌을 받았다. 이제 연이어 책을 구상하여 쓰고, 교정하고 찍어내고 있다. 부단히 노력해서 이룰 수 있는 일을 단번에 해치우고 있다. 아이디어를 짜내고 개발하여 확산시킬 숨가쁜 시기가 시작되었다. 숨가쁘지만, 숨이 끊겼다는 느낌은 없다. 정력과 낙관적 전망에 의기충천하여 가슴 설레면서 현재의 목표를 달성하고 나면, 다음 목표, 또 그 다음 목표를 향해 돌진한다.

일 말고는 말 그대로 아무 것도 없다. 무엇이 더 소중할까? 그래, 귀여운 어린 아들 파울을 기억하고 그 애 생일도 기억

한다. 그렇지만 그 외에 뭘 더 기억할 수 있는가? 그 아래 젖먹이는 더 이상 기억도 없다. 기어다니는 모습만 그저 희미하게 떠오를 뿐이다. 반면에 내 머릿속에 긴 줄을 서서 하나하나 천연색으로 떠오르는 기억들은 넓은 사무실, 우리 회사의 공식적 개업식 행사, 그리고 연이어진 이런저런 여러 수많은 일들이다. 그리고 처음으로 사장이라는 명함을 팠던 일이 기억난다. 시장의 개척이 우리를 영원히 지배할 분위기였다. 이게 인생이다.

그렇다면 **가족은?** 하나의 부담일 뿐이다. 그렇다면 **사랑은?** 이에 대해선 우리는 아무 말도 하지 못한다.

몇 주 몇 달이 바람 지나가듯 지나간다. 나의 일은 끝없는 마라톤과 같다. 트랙을 한 바퀴 돌고 나면 다음 트랙이 기다리고 있다. 우리가 경영하던 자동차 중고상이 꽤나 성장한 덕분에 정평이 나있는 오래된 한 출판사와 합병했다. 다락방 신세를 졌던 인쇄소 시절의 중저가 조립 가구인 이케아 테이블은 이제 장래가 밝은 중앙 회장단 회의실로 옮기게 되었다.

신임 사장들의 취임식 때 열린 경영진 회의에서 퇴임 이사들은 이제부터 우리와 같은 젊은 사장들이 경영을 맡아야 한다는 깜짝 놀랄 퇴임사를 전 임직원들에게 발표했다. 충격적이었다. "변화 속의 지속"을 강조한 우리의 취임사가 끝났을 때, 경영진이 그저 우리에게 통보할 목적으로 막 정오 휴식 시간이 시작되었다는 사실을 알렸다. 또 한 번 깜짝 놀랐다. 증명이라도 하듯이 벨이 울렸다.

관공서의 느린 행정과 현장에서 발빠르게 움직이는 활동 사이의 불일치 때문에 나는 숨가쁘게 뛰어 다녀야만 했다. 나로서는 이해할 수 없을 뿐더러 화까지 치밀어 오르게 하는 것은 사람들이 일주일에 38시간 일하고 나면 아무 생각 없이 귀가한다는 점이다. 금요일 오후 1시면 이제야 조용히 일할 수 있는 그런 시간인데, 어떻게 그렇게 집으로 돌아가 버릴 수 있단 말인가?

회의에 참석하거나 비행기 혹은 열차를 타고 출장을 가고, 어딘가 있는 호텔에서 묵는 날들이 연속된다. 나는 거듭되는 회의에 참석하고 꼬리에 꼬리를 무는 일정에 맞추느라 정신 없이 바쁘다. 이런 일이 끝없이 계속된다. 다음 기간을 맞추고 다음 회의에 참석한다. 회의가 없는 날은 전화 통화에 붙들려 있다. 금요일 저녁에야 집으로 가는 비행기 안에서 처음으로 제대로 숨을 내쉴 수 있다.

이런 힘든 일도 까다로운 중요한 업무를 하나 처리했고 다른 계획을 다시 잡게 되었다는 대단한 만족감 때문에 견뎌낸다. 이제 나는 우리 회사가 속한 기업연합의 기획처에서 중요한 인물이 되었다. 나는 상당히 중요한 거래를 담당하고 있다. 중역회의에도 참석한다. 회장에게 칭찬을 들을 때는 초등학교 학생처럼 기뻐한다. 이제 나는 정말 중요한 기업 사회의 일원이 된 셈이다. 사업 용어를 쓰며, 작고 큰 책략도 부릴 줄 안다. 대차대조표를 어떻게 정리하고, 운영위원을 어떻게 해고하는 지도 알고 있다. 나는 엄청난 게임에 참여하고 있으며, 이 게임에 어울리는 양복을 입고 유명 디자이너의 넥타이를 매고 다닌다.

한두 달은 눈 깜짝 할 사이에 지나간다. 변하지 않은 것은 쉴 줄 모르는 아주 평범한 경영자로서 계속 생활한다는 점이다. 달력 이 페이지 저 페이지에 씌어져 있는 기한 날짜에 매일 붙들려 살아가고 있다. 나는 어디에나 동시에 있어야 하는 존재라는 생각이 든다. 그래서 항상 달려가고 있습니다, 가고 있는 중입니다 라는 식으로 말해야 한다.

정열은 또 다른 감각을 마비시킨다. 우리 회계장부는 아주 완벽하다. 그러나 수치는 모든 창조성을 억누르게 마련이다. 그래서 계산과 지표, 대차대조표만 눈에 들어올 뿐이다. 연습은 더 이상 허용되지 않는다. 책이 잘 만들어졌는가? 특별한 점은 무엇인가? 매력적인가? 읽을 만한가? 우리는 이런 사소한 질문들이나 하고 있다. 우리의 기획들은 크지만 상상력이 결핍되어 있다. 더 이상 초창기 공동 관심사의 흔적이라고는 찾아볼 수 없다.

같은 목적을 추구하고, 공동의 문제를 해결하기 위해서 일

26

한다는 그런 감정을 나는 벌써 오래 전에 포기한 셈이다. 각자 자신의 일을 수행하면서 자신의 예결산을 짜맞추고 이익금을 가져가기 위해 애쓰고 있는 꼴이다. 나는 저의를 감춘 채 힘 싸움을 벌이면서 서로 음모하는 꼴을 항상 목격하고 있다. 아무도 서로 믿을 수 없는가? **동료**라는 단어가 언제라도 등 뒤에서 노리는 친구라는 말로 변질되고 말았다. 중요한 것으로 취급되는 것은 오직 **힘**이다. 예의를 갖추는 태도는 기껏해야 전술의 한 방편일 뿐이다.

점차 이런 의문이 들기 시작했다. 도대체 여기서 내가 무엇을 하고 있는가? 이 모든 게 무슨 소용 있단 말인가? 더 많은 거래를 한다, 내년에는 이익을 20% 더 올린다, 상품경쟁에서 이긴다, 시장을 주무른다 등이 무슨 의미와 목적이 있는가? 우리가 계획하는 일들이 어떤 특별한 의미가 있는가? 특별 보너스를 지급한다는 소식을 통보하는 것 따위가 목표라고 한다면, 내가 이것 때문에 노예 같은 생활을 했단 말인가? 비참하다.

나는 내가 하는 일이 제대로 된 것이 아니라는 사실을 언제 처음으로 느끼게 되었는지 모르겠다. 언젠가, 일이란 나의 일부일 뿐인데, 이 일부가 자리를 온통 차지해서 다른 모든 것을 집어삼킬 만큼 번창했다는 느낌이 들었다. 그것이 나 자신만 아니라 내 주변의 모든 것마저 에워싸고 있다. 이익을 올리고 성장해서 시장을 독점한다, 시장을 넓히고 통제하면서 국제화한다, 기업들을 합병하여 사업을 더욱 확장시킨다 등등이 **나의 세계**였단 말인가?

그건 내가 당시 가담하고 있던 광기였다.

이런 비판적 생각들조차도 절박한 과제들 앞에서는 금세 잊혀지고 말았다. 그렇지만 내가 잘못된 인생을 살고 있다는 기본 감정만큼은 남아 있다. 내가 하는 일이란 내게 어울리지 않는다.

내겐 무언가 결핍되어 있다. 나는 이 결핍된 부분을 찾아 살려고 하지 않기 때문에 인생을 허비하고 있다는 생각이 든다. 내가 정말 원하는 것을 나는 미루고 있는 것이다. 참된 내 인생은 무엇일까? 만들고 행동해서 능력 있는 사람이 되는 것 등을 제외하고 나면 내 인생에는 무엇이 남아 있는가?

어떤 책을 읽다가 문득 이런 구절을 접한 적이 있다.

승객들이 내렸다.(…) 많은 사람들의 표정이 지쳐 있었다.
집으로 가려는 이 사람들은 다음날 일어나서 또 다시 계속
일할 수 있기 위해서 먹고 잠잔다.

이게 내 인생의 모습이다.

무언가 달라져야 한다. 한 가지는 벌써 달라졌다. 오랜 위기 끝에 아내와 나는 재결합했다.

한 가지 더 달라진 점이 있다. 우리는 지금 우리의 셋째 아

기를 기다리고 있다. 정말이지 나는 이 아기를 학수고대하고 있다. 모든 것을 처음부터 다시 시작할 계획이다. 이번엔 정말이지 전혀 다르다. 그 아이를 실제로 경험해 볼 작정이다. 이 말은 그 애와 함께 산다는 것 외에 달리 표현할 수 있을까? 우리 첫 애는 내 인생에서 더부살이로 살아왔다. 나는 내 인생을, 그 애는 그 애의 인생을 살았던 것이다. 나는 그 애에게 기껏 휴가 때나 한 번 놀아주는 그런 아버지에 불과했다. 물론 딸 아이의 사진은 항상 품에 넣고 다녔다. 금빛 곱슬머리에 빨간 줄무늬 바지를 입고서 장난감 바구니에 웅크리고 앉아 있는 모습이다. 그러나 그 모습 외에는 통 기억나는 것이 없다.

겉으로 보기엔 경영자로서의 생활을 계속 꾸려나가고 있는 것처럼 보일 것이다. 회의와 교섭, 추천과 같은 습관적 리듬은 그대로 유지되고 있다. 그러나 실상 미해결로 남기는 일의 양이 점점 늘고 있다. 사실 여러 가지 가슴 설레는 동경 때문에, 이번 봄은 나를 일에서 완전히 떼어놓고, 어쩔 수 없는 궁지로 몰아붙여 더 이상 휴가를 중도에 포기할 수 없도록 만들 것 같다는 예감이 분명하게 든다. 그리고 여름에는 내 사무실과 회의실 창가에 블라인드가 창살처럼 드리워질 것 같은 예감도 벌써 들고 있다.

한여름이 끝날 즈음에, 쉬는 것은 이 정도면 충분하다는 생각이 들었다. 그러나 늦여름의 따사로운 햇살이 감미롭게 비치는 초원을 산책하는 동안 오래 전부터 모르고 지내왔던 평화로움의 감정이 갑자기 마음속에 가득 채워지는 듯한 느낌을 받았다. 지난 오랜 세월이 나를 이리저리 끌고 다녔고, 정감 가지 않는 일을 하면서, 정말 내가 바라는 인생과 결합할 수 없는 그런 인생을 내가 살았구나 하는 생각이 분명하게 떠올랐다. 내게 실제로 가치 있고 소중한 그 모든 것들을 그냥 방치하고, 내 삶의 에너지를 가치도 없는 것에 소비했다는 느낌이 들었다. 내가 마치 타국에 살고 있는 듯한 이미지가 떠오르면서 지금이야말로 나 자신에게로 시간을 돌려야 한다는 생각이 들었던 것이다.

나는 초원에 누웠다. 핸드폰으로 동료에게 전화를 걸어 애가 태어나면 일에서 손을 떼겠다고 말했다. 우리는 한참 애기를 주고받았다. 그는 자신의 일이 벌써 30분 전에 시작되었기 때문에 전화를 더 이상 할 수 없다고 했다. 나는 그가 나를 이해하고, 내가 제대로 결정을 내렸다고 기뻐할 것이라고 생각했다.

통화를 끝내고도 땅거미가 질 때까지 그대로 초원에 누워 있었다. 나는 11년 이상의 세월을 보내고서야 일에서 일탈한 셈이다. 초원에 누웠을 때 감정은 어땠는가? 마치 끝도 없이 광활하게 열려 있는 풍경이 내 앞에 놓여 있는 것 같았다.

나는 3년 전부터 이제 더 이상 기업의 경영자가 아니다. 옛 동료들과 친구들, 그리고 아는 사람들이 "무직자로서의 생활이 어떤가?"라고 항상 질문한다. 번번이 이런 동정심까지 내비친다. "곧 다시 새로운 것을 개발해 주면 좋을 텐데……." 그러나 그런 얘기 속에는 대개 입이 마르도록 하는 찬사가 은근히 배어 있는데, 그런 찬사를 보내는 사람들은 일이 너무 많다고 항상 투덜댄다. 물론 내가 아는 사람들 중에는 그런 사람이 별로 없다. 그런 사람들의 경우, 매일 일하러 가지 않았으면 하는 꿈을 갖고 살아가는 것과, 영원한 축제를 즐기듯이 자유로운 인생을 마음껏 즐기며 사는 것을 당연한 것처럼 받아들인다.

그런데 사실 모든 것이 축제처럼 시작되었다. 나의 결정에 따라 스스로 모든 일을 그만둔다는 것을 생각만 해도 벌써 날아갈 것 같은 기쁨으로 가슴이 설레었다. 나는 졸업시험을 치고 여름을 맞이할 때처럼, 세계가 온통 나를 향해 문을 열어두고 있는 것 같은 기분이 들었다.

흥분에 북받쳐 서점을 기웃거리면서 전부터 꼭 읽고 싶었던 책들을 샀다. 서가 층층에서 새책이나 헌책을 골랐을 때, 이 모든 책을 읽기에 충분한 시간이 있는 것처럼 느껴졌다. 읽고 싶은 책들은 중세의 역사와 천문학 및 철학이었고, 하고 싶은 일은 다른 언어들을 익히고 음악을 연주하고 여행을 하는 것이었다.

세계가 내 발 앞에 놓여 있었던 것이다!

나는 일을 마지막으로 마무리한 후에야 비로소 처음으로 가족과 함께 여행을 하게 되었다.

남쪽의 색깔과 향기가 나를 감싸고 춤을 추는 것 같았다. 자전거를 탈 때, 햇살이 가슴에 쏟아졌고, 피부에는 소금기가 섞인 땀방울이 송알송알 맺혔다. 따사로운 바람이 불었다. 가파른 협곡과 부드러운 해변, 장밋빛 저녁놀이 멋졌다. 아이들은 해변에서 뛰어 놀았다. 밤에 우리는 모닥불을 피워놓고 이야기를 나누었다. 과거도 미래도 없으며,

그저 **'여기, 지금'**만 있었다.

바다 위에서 먼저 뜬 별들이 반짝였고, 귀뚜라미가 울었다. 내 옆에서 천사 같은 모습으로 새근대며 잠을 자는 우리 아기의 숨소리가 무척이나 평온하게 들린다.

집에 돌아오자마자 하기 싫은 일들이 이어졌다. 2주가 지나도록 산더미처럼 쌓인 책들은 손도 대지 않았다. 구석에 놓인 기타는 먼지로 뒤덮였다. 여행에서 돌아온 분위기가 망쳐졌다. 꿈도 깨졌다. 나는 우리에 갇힌 호랑이 신세가 된 듯한 기분이 들었다. 불안하고 신경이 예민해졌다. 마치 무한한 시간이 주어진 것 같아서 어떻게 시작해야 할지 몰랐다.

나는 시장 광장에 있는 카페 바깥에 앉았다. 햇빛이 얼굴에 내리쬐었다. 형언할 수 없이 맑고 화창한 날이었다. 내 앞에서 상인과 구매자가 거래를 하고 있고, 넓은 도로에는 여행객들과 일과를 마친 사무원들이 어슬렁거리며 돌아다녔다. 갑자기 실투심이 일었다. '당신들은 하는 일에 대해서 알고 있는 모양인데, 나는 올바른 과제를 갖고 있지 못하다니.'

사람들도 만나지 않고, 제대로 시작한 것도 제대로 마무리한 것도 없이 그냥 아무렇게나 며칠이 지나갔다. 주말들도 주중과 다를 것 없이 지냈다. 이런 식으로 나는 아무 것도 생각하지 않았다.

나 자신으로 돌아가기까지 여름을 온통 그렇게 보냈다. 아드레날린을 복용하는 습관을 끊어야 하는 어려운 시기였다. 어느 가을날에 접어들어서야 생활이 정상을 되찾았다는 안정된 느낌을 가질 수 있었다. 일상의 날들이 제 모습을 갖추면서 생활이 다시 제 리듬을 탈 수 있었다. 생활과 일의 균형이 이제 다시 제자리를 잡기 시작했던 것이다.

일이란 모름지기 내가 지금 하고 있는 일 못지 않게 인생을 값지게 살 수 있는 그런 가치를 지녀야 하는 법이다. 일은 이제 낮에만 허용되는 일부이기 때문에 과거 나의 기준과 비교할 때 엄청난 변화가 온 셈이다. 일에는 더 많은 것들이 포함된다. 그것은 무조건 낭독해서 읽어야 할 책을 지니고 다니는 일, 친구와 전화로 일상적 대화를 나누는 일, 좀처럼 쉽게

33

손에서 책을 놓지 않는 일 등이다. 이것은 다른 사람들을 위해서만 아니라 바로 나 자신을 위해서도 유익한 일이다. 예견치 못할 이 모든 일을 하루에 그것도 동시에 실현한다는 것은 예전 같으면 상상도 못했을 것이다. 이런 일은 사무실 문 안으로 자신의 개인적 생활이 끼여드는 것을 막지 않는 행위이다. 이제 나는 맑은 공기에 점점 더 민감해지고 있다.

이런 분위기에 나는 더 가까이 다가설 수 있고, 다가서야만 한다. 예전엔 그러한 것들이 정신집중과 목적달성이라는 미명하에 차단되어 있었다. 업무와 프로그램, 결과 이외에는 아무 것도 허용되지 않았던 것이다.

내 생활에서 달라진 것은 무엇인가? 예전과 확실히 다른 사실은 지금 나는 나 자신의 인생을 살고 있으며, 대부분 내가 관심 두고 있는 일을 한다는 점이다. 이런 시각에서 더 많은 것들을 보게 되었으며, 그만큼 나 자신에게 더 가까이 다가서게 되었다. 나는 인생에 더 친숙하고 깊게 뿌리를 내리게 되었다는 느낌이 들었다. 물론 업무상의 사람들을 더 적게 만나는 대신 더 많은 친구들을 만나고 있다.

나는 5도 음계가 어떻게 진행되는지 다시 알게 되었다. 실제로 브로크하우스 사전을 이용하고도 있다. **경제잡지**만 읽는 것이 아니라 흥미진진한 책들도 읽고 있다. 아이들의 시간표도 알고 있으며, 체육선생이 '바보 멍청이'라는 별명을 갖고 있다는 사실도 알고 있다. 어린 딸의 말투도 알아듣게 되었으며, 그 애가 제일 좋아하는 책이 어떤 책인지도 알고 있다. 기쁨뿐만 아니라 매인 데서 오는 괴로움을 나날이 동시에 경험하고 있다. 다시 외국어를 익히며 음악도 연주할 수 있게 되었다. 혼자서 혹은 가족과 함께 여행도 하며, 여행 중에 노트북을 가지고 갈 때노 있고 맨몸으로 다닐 때도 있다.

물론 나는 새로 거듭난 사람이 아니다. 흥미진진한 삶, 흠 없는 세계, 가정의 행복이 항상 있는 것은 아니다. 새 세척기를 구입하고 낡은 가전제품을 처분하는 일이 늘 즐거운 것도 아니다. 그러나 평범한 일상에서 얻을 수 있는 즐거운 법도 있는 모양이다. '조화로운 세계'라는 음악을 들으면서 즐거움을 맛볼 수 있는 순간들도 있다.

가끔 아무 스트레스 없이 지내기도 한다. 기운이 다시 떨어져 나른하다고 느낄 때 복용하는 아드레날린, 집으로 돌아가고 싶은 향수, 기다려지는 따듯한 감정, 이런 느낌들을 이젠 더 이상 가질 수 없다는 것이 가끔 아쉽기도 하다.

나의 청년시절 우상이었던 알베르트 슈바이처와 종종 통화한다. 멋지고 올바른 인생이 무엇이며, 이웃에 대한 책임이 어떤 것인가에 대해서 그에게 묻기도 한다.

권태가 또 다시 도진 것은 아닐까? 한때 그렇게도 중요하세 여겼던 깃을 이제 '니외 깃'으로 거의 생각지 않고 있으니, 나 자신도 깜짝 놀랄 정도이다. 한때 집과 다를 바 없었던 사업의 세계와는 내가 수백 마일이나 떨어져 있는 것처럼 느껴진다. 무한한 열정과 정열로 쫓아갔던 그 길이 지금은 막다른 골목으로 보인다. 어느 출판사가 누구를 매수했고 얼마에 매각했다, 누구는 성공했고 누구는 쫄딱 망했다, 얼마를 투자했고 누가 입김이 제일 세다 따위도 내게는 부질없는 짓일 뿐이다. 전문잡지의 웹사이트에 들어가지 않은 지도 벌써 여러 달이 되었다.

내가 이런 생활을 계속 꾸려나갈 수 있을까 하는 불안한 생각이 가끔 불쑥불쑥 생겨난다. 그리고 얼마나 지속될지도 잘 모르겠다.

하지만 인생과 미지의 세계로 통하는 길이라면 언제라도 새 힘을 내어 걸어갈 각오가 서 있다는 사실만큼은 확실하다.

2

노동의 후광

> "이 세계의 인간은 일을 위해 존재한다. 그것도 남자들의
> 모든 에너지를 빨아들이는 심각한 노동을 위해 존재하는 것이다.
> 일이 어떤 의미가 있든 말든, 해가 되든 유익하든, 모든 사정은 마찬가지다.
> 일이 있어야 한다. 그래서 아침마다 일하러 갈 수 있어야 한다.
> 그렇지 않으면 인생에는 아무 목표도 없게 된다."
>
> 쿠르트 투홀스키 (Kurt Tucholsky)

> "우리나라에서는 반드시 일을 해야만 한다.
> 그러지 않으면 존재할 수 없다."
>
> 프란츠 헤셀 (Franz Hessel)

생면부지의 사람들이 이를테면 파티나 축제 때 만나게 되면, 처음에는 서로 어색한 표정을 짓는다. 물 컵이 마치 자신이 믿고 의지할 수 있는 유일한 원천인 양 컵만 꽉 붙잡고 놓지 않는다. 난처한 듯 행동하면서, 옆 사람과 눈을 마주치다가 몇 마디 말을 슬슬 건네기 시작한다. 그리고 서로 눈치를 보면서 얘기를 풀어나갈 적당한 소재를 찾는다. 그러다가 어느새 삼삼오오 모여, 인사치레로 이런저런 얘기를 나누다가 자신을 서로 소개하게 된다. 그러나 말은 여전히 조심조심해

서 한다. 몇 분 더 지나고 나서야 구체적인 대화가 시작된다. 그땐 마치 교회에서 아멘 하듯이 으레 나오는 질문이 있다.

"그러면 선생님께서는 무슨 일을 하십니까?"

당신은 무슨 일을 하십니까?

직업에 대한 물음은 상대방의 사회적 신분을 묻는 것과 같다. 이 질문과 동시에 우리는 즉석에서 상대방이 사회라는 극장에서 어떤 위치에 있고, 얼마나 매력적인지 알게 된다.

"무슨 일을 하십니까?"

"금융기관에서 업무를 보고 있습니다."

'아하, 썩 주목받는 직업은 아니지만, …아무튼 두 번째 자리는 앉겠구먼.'

다음 사람은 이렇게 말한다.

"시사잡지사를 경영하는 여사장입니다."

'와! 분명 사람들의 관심을 끌고 돈도 엄청 벌겠구먼, (…) 일등석 앞자리에 앉겠지.'

그리고 또 한 사람은 이렇게 말한다.

"지금은 그저 가정주부입니다."

'뭐? 가정주부라고? 지금은 그저 라고 말을 돌려서 하듯이 스스로도 자기를 별 볼일 없는 여자로 취급하고 있어. 누가

그런 일을 놓고 얘기를 나누겠어? (…) 분명 삼등석 감이야.'

그리고 또 한 사람은 말한다.

"무직입니다."

'민망해서 말을 못하겠어. 사회 교육적 차원에서 이제부턴 아주 조심스럽게 말을 건넬 필요가 있겠군 ……'

물론 모든 파티에는 나름의 주인공들이 있다. 온라인 증권 거래소의 기념 축제는 궁정연회와는 다른 기준이 적용된다. 그러나 어디에서든 직업이 중요한 자리매김의 역할을 한다. 우리의 신분은 우리가 무슨 일을 하느냐에 달려 있다. 우리의 직장은 우리의 사회적 지위를 나타낸다.

벌이로서의 노동이 우리의 사회적 · 개인적 생활의 중심축이 되었다. 사회학자 랄프 다렌도르프(Ralf Dahrendorf)는 인간의 발전단계를 네 종류의 작은 상자에 담아 분류한다. 그 각 상자는 성장, 노동, 여가, 은퇴이다. 인간은 노동을 **위해서** 성장하고, 여가를 통해 노동**에서** 해방되며, 번 돈에 의존하는 은퇴는 노동 **이후의** 시기에 해당한다.

최근 십여 년 동안 중앙에 위치하는 노동-상자가 다른 발전단계들을 위하여 상당히 축소되긴 했지만, 생활의 중력 역할을 한다는 의미에서는 달라진 것이 하나도 없다. 노동은 모든 것을 연결하는 접합제이다. 따라서 노동은 모든 깃의 원인이다. 노동 때문에 자명종 소리에 깨어나고, 아침에 일하러 갔다가 저녁에 돌아온다. 노동 때문에 저녁은 축제 분위기의 저녁이 되고, 노동 때문에 주말은 주말이고, 휴가는 휴가가 되는 것이다.

노동의 **후광**

"노동이 없다면 의미를 채울 수 있는 인생도 없다. 현대의 경제사회에서는 벌이로서의 활동이 없다면 의미를 채울 수 있는 인생도 없게 마련이다."[1] 이와 같은 주장은 온갖 당파의 정치가들이 항상 즐겨 써먹는 기본 레파토리이다. 입에 거품을 물고 노동의 가치를 찬미하면서, 노동은 인간의 자존과 자아실현에 이바지하는 포기할 수 없는 가치를 갖는다고 강조한다. 노동의 홍보단원은 노동이 없으면 인간의 삶은 공허한 황무지가 될 것이라고 설파한다.

노동은 아주 특별한 아우라(Aura)에 둘러싸여 있다. 이 아우라는 노동의 무미건조한 목적인 생계보장 위에 고상하게 드리우고 있다. 그것은 마침내 인간을 동물과 구분해 주는 고차적인 특정성을 갖게 된다. 그렇기 때문에 노동에 대한 권리는 보편적 인권으로 떠받들어져, 문서로서 〈유엔의 보편적 인권선언〉으로 확정되었다. "모든 인간은 노동권과 자유로운 직업선택권, 적절하고 만족스러운 노동조건에 대한 권

리 및 실직에 대한 방어의 권리를 갖는다." [2]

사실 모든 사회적 경향들이 노동의 이러한 가치에 집중되어 있는 형편이다. 사회민주당의 기본강령은 박진감 넘치는 음조로 이렇게 확정하고 있다. "노동은 실존의 조건일 뿐만 아니라 인간 현존재의 결정적 차원이기도 하다." [3] 교회의 고위 성직자들도 아주 흡사한 주장을 한다. "교회의 관점에서 볼 때, 노동에 대한 인권은 인간 존엄의 직접적 표현이다." [4] 노동의 가치평가가 문제일 때는 독일노동조합총연맹(DGB)과 독일기독교민주연합당(CDU)*도 제휴한다. 그래서 독일 기독교민주연합당의 선거투쟁에서 구 독일노동조합총연맹의 "노동·미래·생활"이라는 슬로건이 등장했던 것이다.

모든 진영이 같은 목소리를 내는 것이 있는데, 그것은 바로 정치의 최대 목적은 더 많은 일자리를 창출하는 데 있다고 하는 것이다. 국민 총선거에서 노동에 대한 열정적 연설과 미성년을 상대로 한 포르노 잡지를 엄격히 규제해야 한다는 요구가 나온 것도 그런 배경에 기인한다. 노동에 대한 우리의 태도는 우리 사회 속에 깊이 뿌리박은 이데올로기가 되었다. 이 이데올로기의 최상위 신조는 인간은 노동을 **필요로 한다**는 것이다.

우리시대의 영웅 프로

가치의 위계질서 맨 꼭대기에 서 있는 것이 임금 노동이다. 이러한 노동만이 때깔 나는 직업으로 인정받는다. 영리노동 바깥에서 이루어지는 노동은 애들 장난이고 취미이며 피로를 푸는 치료법의 한 형식으로 통한다. 이는 아마추어 리그전에 불과하다. 파출부를 쓸 수 없는 사람만이 가정에서 일한다. 자신의 아이들을 양육하는 것은 요구사항이 없는 단순소박한 일이다. 반면에 돈을 받고 다른 사람들의 아이를 돌보는 사람은 교육적인 전문인력으로서 인정받는 프로이다. 그는 공식적인 진지한 세계의 일원이다. 임금 소득세 카드 덕분에 우리는 사회의 유용한 구성원의 자격을 부여받는다. 중요한 것은 일을 **갖고 있는 것**이지 무슨 일을 **하는가**는 중요하지 않다. 따라서 일을 갖지 못한 사람은 상황이 나쁠 수밖에 없다. 프로는 사물의 척도이며 인간 행위를 가늠하는 규준이다. 직업에서의 성공이 생활에서의 성공과 같은 의미로 쓰인다.

프로의 활동보다 더 가치 있게 통하는 것은 없다. 오늘날 프로는 완벽함과 동의어로 쓰인다. 절대적 프로 의식에서 이루어진 활동은 — 그것이 의술이든 은행습격이든 — 존경심을 불러일으키게 만든다. 반면에 직업에서 벗어난 활동들은 2류로 취급된다. 그래서 아마추어라는 말은 — 그 단어의

44

의미상 애정을 갖고 무엇을 만들어 낸다는 뜻인데 — 바로 욕설로 들리게 되는 것이다. 딜레탕트라는 말은 돌팔이라는 훨씬 더 심한 모욕을 겪게 된다. 이런 상황에서는 딜레탕트라는 개념의 본래 의미는 흔적도 찾아볼 수 없다. 그런데 사실 딜레탕트는 기쁨을 뜻하는 '딜레토'(diletto)에서 유추된 개념이 아니던가.

프로만이 우리 시대의 영웅이다. 노동내용의 실제적 무의미성은 논쟁거리도 못된다. 노동 없는 의미는 있을 수 없기 때문에 의미 없는 노동도 또한 있을 수 없다. "쓸모 없는 노동은 없으며, 어떤 직업도 직업이 없는 것보다 훨씬 낫다." [5] 정치가들은 이런 발언으로 군중들로부터 박수갈채를 받았다. 인간은 경제과정에 편입될 때에만 인간으로 보인다나?

노동의 **권리**인가
의무인가

그러나 노동윤리조차도 이중의 원리에 입각해 있다. 말하자면 노동의 권리를 말할 때, 으레 노동의 의무도 떠올리게 마련이다. 그것은 자기결정권이 있는 성생활에 대한 요구를 마치 매일 오르가즘을 느끼게 해야 하는 의무와 관련지으려는 것만큼이나 이상한 논리이지 않은가?

노르베르트 블륌(Norbert Blüm)은 노동의 권리를 문제삼으면서 자신의 책『노동은 계속된다』에서 이렇게 쓰고 있다.

그런데 발리 섬의 종려나무 아래서 해먹을 타면서 햇볕을 쬐는 것이나, 빈민 구제책은 상황이 어려울 때 생활보조금으로 쓰기 위해 노동자들이 한푼 두푼 모은 기금으로 운영된다는 사실을 안다면, 혼자 벌어 혼자 먹고사는 것도 착취의 한 형식이 아닐까? 소수의 건장한 젊은 사람들이 모여 자치집단을 이루어 사는 것도 이기주의와 다를 바가 없다. 왜냐하면 그런 생활은 노약자들과 장애자들을 위해 일해야 하는 문제를 회피하는 꼴이기 때문이다.[6]

아! 이런. 이렇게 선언된 권리를 받아들이지 않는 사람은 부정을 공공연히 행하는 것과 다를 바가 없다는 식이다.

노동정책의 최고 목표는 전 민중을 고용살이시키는 데 있는 것처럼 보인다. 슐레스비히-홀슈타인 주의 여성 주지사 하이데 지몬니스(Heide Simonis)는 프랑크푸르트 베드로 교회에서 가진 가족정책회의에서 교육재정확보안에 반대했다. 그 이유는 교육재정의 확보가 무엇보다도 생계활동의 포기를 부추길 수 있다는 것 때문이었다. 그러나 중요한 것은 가족과 직업 사이의 선택의 자유가 아니라 이 둘을 결합할 수 있는 여지일 것이다.[7] 그럼에도 불구하고 강제노동의 입김은 여전히 기회라는 미명을 달고 뿜어져 나오고 있는 것이다.

노동이 도덕적 범주로서 어떻게 작동하는가 하는 문제는 실직에 대한 사회적 평가에서 여실히 드러난다. 실직자를 배척하는 이 나라의 사회적 태도가 다른 나라들에 비하면 좀 덜한 편이지만, 도덕적으로 규격화하려는 속셈에서 해방되려면 아직 멀었다.

착한 실직자들과 나쁜 실직자들

영업노동과 인간 존재를 동일한 것으로 취급한다면, 실직자의 경우 그 존재를 무엇과 관련지어야 할까? 노동의 집단적 신화는 실직자를 "아무 가치도 없이 무작정 빈둥거리며 살아가는"[8] 비굴한 파산자로 간주하거나, 성실한 시민으로부터 뻔뻔스럽게 돈을 뜯어 가는 약삭빠른 사회적 사기꾼으로 취급한다. 필요에 따라 이런 저런 유형들을 이용하면서 때로는 군중들이 실직자들에게 동정의 눈길을 보내게 하고, 때로는 분노하게 만든다.

독일이 유수 일간지 『빌트-짜이퉁』지(誌)가 그 동정과 공격이라는 이중적 역할의 온갖 구체적 사례들을 잘 보여주고 있지 않은가. 그러나 이른바 운명을 들먹이면서 돈을 갉아먹는 실직자들에게 보내는 이 일간지의 동정심은 '어린 강아지'와 같은 기사를 항상 동반한다. 그리고 또 어느 때는 **가장 게으른 독일의 실직자들**이라는 머릿기사로 가득 채울 때도 있다.

그래서 이젠 선량함과 나쁨이라는 단어는 항상 서로 꼭 붙어 다닌다. 그것은 『빌트-짜이퉁』 신문에서만 그런 것이 아니다. 폐암 환자가 더 이상 담배를 피우지 않을 때 동정을 받는 경우와 같이 어쩔 수 없이 실직을 당해 다시 일자리를 구하길 갈망하는 그런 가련한 사람들에 대해서만 군중들의 마음은 움직인다. 실직자라면 개가천선 하기 위해 분주히 돌아다녀야 한다는 식이다. 실직자들은 놀고 먹는 것을 낙으로 삼는다는 등의 사회적 의심을 받을 때 참으로 참기 어려운 고통을 당하는 것이다.

구직자들만 동정표를 살 수 있다. 그래서 교회로부터 후원을 받는 튀빙겐(Tübingen) 실직자를 위한 〈구직자 모임〉이라는 단체도 생겨났던 것이다. 벌써 이 명칭에서 알 수 있는 것은 '건실한' 실직자만 그나마 사회적 관심을 받을 수 있다는 사실이다. 그러나 이 단체의 어떤 회원이 "항상 일자리를 마련해야 하지만 충분치 않다"는 신문기사를 인용했을 때, "실직의 상태를 긍정적 상태로 돌릴 수 있을 것"이라는 인상은 "아무튼 실직의 해소라는 사실"[9]과는 거리가 멀 수밖에 없다는 점을 독자투고란에서 시인하는 것이나 다를 바가 없는 것이다.

수치와 치욕

소위 능력이 있다는 사람들이 흔히 게으름을 비난한다 해도 별로 놀랄 일이 아니다. 실직자들은 능력이라는 가치체계에 종속되어 자책과 수치심에 시달리게 마련이다. 이에 대한 사례는 60이 거의 다된 어떤 회사원이 기업이 파산되자 실직자가 되었다는 사실이 세상에 알려질까 봐 두려워 몇 년간 집을 떠나 숨어 지냈다는 사실에서 확인할 수 있다. 그는 연금을 받을 나이가 되었을 때, 이제 더 이상 일하지 않아도 주목받지 않겠지 하는 생각이 들고나서야 간신히 모습을 드러낼 수 있었다고 한다.

실직자의 수치심은 지구적 차원에서 일어나고 있다. 이 사실은 특히 1998년 아시아의 경제위기에서 확인되었다. 당시 한국의 경우 ─ 해고당한 회사원들의 수많은 자살사건과는 별도로 ─ 실직이라는 수치심 때문에 집을 떠나는 현상이 붐처럼 일어났다. 파산한 경영자들이 아침에 정장을 차려입고 집을 나섰지만, 그들은 서울의 산 속에 있는 간이음식점으로 가서 그 곳에서 또 다른 실직자들을 만나 마음을 달랬다. 그

곳 매점에서 등산복으로 갈아입고 산 속에서 술을 마시면서 하루를 보냈다. 그리고 저녁이 되면 넥타이를 맨 정장차림으로 가족이 있는 집으로 다시 돌아갔다.

독일에서도 상황이 별반 다르지 않다. 일자리를 잃은 4백만의 독일 사람들도 일자리를 잃게 되면 사람들을 회피하는 반사회성을 드러낸다. 사무실에 있어야 할 시간에 공원 벤치에 앉아 있는 사람은 항상 불안한 시선으로 주변을 힐끔힐끔 살핀다. 상당히 깨인 가족들의 경우에도 얼마 전에 실직한 삼촌 얘기가 나오면 저녁식사 시간에 목소리를 낮추게 마련이다. 여기에는 동정심과 아울러 이웃사람들이 뭐라고 숙덕댈까 하는 염려가 동시에 내재해 있는 것이다.

실직자들은 어떤 영향도 미칠 수 없는 경제발전의 희생자임에도 불구하고 스스로를 그렇게 간주하지 않는다. 더욱 심한 것은 세간에서 말하는 낙오자라는 치욕의 책임을 자기 자신에게 돌린다는 점이다.

이 수치심은 실직자들이 이른바 사회적 평화를 교란시키지 못하는 원인이 되기도 한다. 사실 이 점을 생각해볼 필요가 있을 것이다. 즉 수백만 실직자들이 있지만, 작은 연대운동 하나도 없지 않은가! 시위도 없고 썩은 계란을 투척하는 일도 없으며, 공장을 점거하는 일도 없고 바리케이드를 치고 구호를 외치는 일도 없다. 오히려 쥐 죽은 듯 조용할 뿐이다. 실직자들이 느끼는 수치심은 아무리 지불해도 아깝지 않을 황금의 가치가 있는 것이다!

핵심은 일

노동시장에 그늘이 지면 질수록 노동의 광채는 그 만큼 더 빛난다. 사람들이 일자리를 놓고 다투기 때문에 노동을 하기가 그 만큼 더 빠듯하게 되었다. 빠듯하기 때문에 노동은 경이로움의 후광을 갖는 것이다. 노동은 좋은 것 자체가 되어버렸다. 그것은 특권을 의미한다. 그리고 이 특권을 누리는 자는 만사가 즐거울 뿐이다.

노동과 무가치한 것, 이중 하나만을 선택해야 한다고 생각하는 사람은 그가 하고 있는 일이 자신에게도 유익한 것인가 하는 물음은 대수롭지 않게 취급한다. 그런 경우 노동이 아니라 일자리가 가치 있는 것이다.

일자리를 잃어버릴 것 같은 걱정 때문에 오늘날 많은 사람들은 힘들어도 꾹 참고 자기 일에 만족하고 있는 것 같다. 이때 문제는 곧 닥칠 수입이 없어진다는 것만이 아니다. 무엇이 우리를 일에 묶어두고 있는지 이해하려면 우리는 좀더 깊이 생각해야만 한다. 만일 노동이 물질적인 것을 제외하고 나면 다른 어떤 동기와도 별 관계가 없다면, 우리 인생에서 노동의 핵심적 의미를 설명할 길은 없게 될 것이다.

인간은 왜
노동을 하는가?

생계와 주거를 위한 것이 아니라면 노동은 무엇 때문에 필요할까? 그렇지 않고서야 무엇 때문에 슈퍼마켓 카운터에 앉아 매일 토마토 케첩과 머리에 뿌리는 스프레이 혹은 화장지 값을 계산하느라 하루 25,000회 이상 레이저 스캐너를 바코드에 갖다 대겠는가?

그러나 아무튼 돈을 벌기 위해 노동을 한다는 것은 절반만 맞는 얘기일 뿐이다. 그렇지 않다면 실직이 이렇게 무서운 공포의 대상으로서 광범위하게 확산될 수 있을까? 또 그렇지 않다면 우리 인생에서 실제로 그렇게 소중하게 취급될 수 있을까? 수당 없는 잔업을 통해 매년 수백만 개의 물건들이 실제로 만들어지지 않는가? 우리는 그토록 우리 직업에 매달리고 싶어하지 않는가? 또 그래서 상사의 칭찬이나 책망이 그만큼 의미 있는 것이 아닐까?

비자발급 업무일을 보고 있는 이네스(Ines)가 여성잡지 『알레그라』(Allegra)에서 말한 걸 들어보자. "내가 돈을 위해서 일한다는 생각이 들 때는 너무 서글퍼진다. 물론 누군가가 전화를 해서 '제발 좀 도와달라……'라고 말할 때는 일에 자부심이 느껴지기도 한다." [10] 광고업에 종사하는 볼프강씨는 자신의 일에 대해 또 이렇게 말한다. "여기서는 창의성이 있을 때에만 광고 문구로 채택된다. 그런데도 나는 온통 시간을 다 쏟아가면서 이 회사에서 일하고 있다."

다음과 같은 동기에서도 사정은 비슷하다. "그저 몇 시간이라도 집에서 벗어나기 위해 파출부로 청소하러 나간다. 우리 십 영삼은 소중한 긴 하루를 그냥 집안에 앉아서 보낸다."

누구든 이 문제를 놓고 한 번쯤 자신에게 물어볼 필요가 있을 것이다. 어느 날 복권에 당첨되어 졸지에 백만장자가 된다면, 그래서 더 이상 일할 필요가 없다면 뭘 하겠느냐고 친구들이나 잘 아는 사람들에게 물어본다면, 대개 그 답은 답변자의 직업에 따라 달라진다. 적어도 여성 건축가, 교수, 시나리오 작가의 경우 일을 그만두고 싶어할 것이다. 그러나 대체로는 이런 말을 들을 수 있을 것이다. "그렇게만 된다면 파트 타임으로 일하고 싶습니다. 다른 일을 위해 시간을 할애하고 싶어요." 똑같은 질문을 건축 노동자나 호텔 여종업원에게 한다면, 이들은 대개 이 질문에 대해 되물을 것이다. "나를 놀리고 싶은 거예요? 일하지 않아도 된다면 무엇 때문에 일하러 가겠어요?" 실직한 여자 의사의 경우라면 이런 대답도 나올 것이다. "그렇게 많은 돈을 갖게 된다면, 그 돈으로 일자리를 하나 구하겠어요."

한나 아렌트(Hannah Arendt)는 노동에는 이중의 속성이 담겨 있다고 제대로 지적했다. 노동은 강요인 동시에 작업이다. 우리의 물질적 실존이 노동에 좌우되기 때문에 노동은 강요이며, 우리는 노동의 결과를 통해 자아를 실현하기 때문에 작업이기도 하다. 따라서 이 작업은 목적을 위한 단순한 수단이기도 하지만 의미와 소속감 그리고 자기가치의 감정을 가질 수 있는 근거이기도 하다.

세계와의 대결로서 노동

동화에서 왕자는 공주와 결혼해서 왕이 되려면 궁전을 떠나 국경선까지 나아가 무서운 용들과 싸워야만 한다. 현실생활에서도 상황은 마찬가지다. 기어다니는 아기조차도 세상을 파악하고, 이 세상의 경계선에까지 나아가 자신의 능력을 시험하면서 계속 개발하고 싶어하는, 이해하기 어려운 그런 욕망을 갖고 있다. 우리는 성인으로서 우리의 경계선이 어디까지인지 어린애들보다 더 잘 알고 있으면서도 계속 그것을 더듬고 싶은 욕망을 포기하지 않는 상황에서는 변한 것이 없다. 우리는 이 세계에서 자신의 능력을 입증해 보이고 싶어한다.

오늘날 이런 활동의 욕망 때문에 노동 — 특히 보수가 지불되는 노동 — 은 싸움터가 되어버렸다. 물론 이곳엔 용이 아니라 복사 대기중인 서류더미가 기다리고 있다. 우리는 장애물들을 극복하고 나서야 비로소 왕이 된 듯한 자부심을 가지면서 거기에 상응하는 대가를 지불 받게 된다. 공주와 결혼하는 일이 항상 있는 것은 아니며, 대개 사장의 칭찬이나 성취에 대한 자족감으로 보상을 받는다.

　노동은 우리 노력의 결과와 생산물의 질 혹은 우리의 명문 기업이나 우리가 개척한 시장에 대해 자부심을 갖게 만든다. 혹은 아주 단순하게, 이 험한 세상에서 자신과 가족들을 돌볼 수 있다는 점을 자랑삼게도 한다. 자신의 힘으로 처음 돈을 벌었다는 아주 특별한 감정에 대해 생각해 볼 필요가 있다. 그런 감정은 벌이 자체와 무관한 듯한 자부심처럼 보인다. 그러나 그렇지 않다. 돈은 이제 우리가 성인세계의 일원이 되었다는 것의 증명서나 다를 바가 없다. 임금은 보수로서 지급되는 것이다.

　그러나 우리가 직업 활동을 한다면 물질적 보상과는 별도로 우리의 신체의 사용에 대한 대가도 지불 받게 된다. 그래서 활동의 욕망은 마치 생물학적 프로그램처럼 우리 내부에 달라붙어 있는 듯해 보인다. 이 때 활동은 그저 무조건 육체적 활동만을 의미하는 것이 아니라 정신적 활동도 의미한다. 사환에 적합한 자질과 엔돌핀 그리고 호르몬 등의 복합작용 덕분에 우리는 활동을 부담 없이 받아들인다고 한다. 일중독증을 설명할 때 내세우는 가설은 '엔돌핀 형성'에 관한 가설이다. 이 가실에 따르면, 부단히 일히는 것이 신경자극을 위한 유일한 원천이지만 지나치게 되면 결국 중독증에 걸리게

55

된다는 것이다.

성공은
섹시하다

왕자는 혼자 싸워야 하지만 우리와 같은 평범한 사람들에게 노동은 대체로 사회적 업무로 작용한다. 우리는 노동을 통해 사람들을 만난다. 노동이 아무리 조용한 안방에서 이루어진다 해도 어떤 방식으로든 항상 다른 사람들, 이를테면 고객, 주문자, 동료들이나 사장들과 만나게 한다. 우리의 노동은 우리를 사적인 세계에서 끌어내 공적인 생활로 나아가게 하는 것이다.

노동은 우리를 사회의 일원이 되게 하며, 우리에게 역할과 신분, 가치를 부여한다. 노동하는 사람은 여기에 속하게 마련이다.

대개 한 남자의 직업적 성공이 항상 좋은 여자를 얻는 비결이 된다는 점을 우리는 상기하고 있다. "여자들은 결혼을 통해 출세한다"는 유행어가 여성해방이 시작된 지 30년이 지난 지금도 여전히 통용되고 있다. 경제주간지가 구혼 광고에서 내세우는 문구가 "성공은 섹시하다!"이다.

물론 이런 광고문구는 남자들의 경우에만 해당된다. 이와 비슷한 또 다른 사례도 있다. 즉 성격이 까다로운 백발의 노인조차도 장관이라면 예쁘고 젊은 여자를 얻을 수 있다는 것이다. 이것이 바로 수많은 남자들로 하여금 직업과 결혼하게 만드는 원인이 된다. 사람들은 적어도 그런 존재가 되어야 한다고 생각한다.

톰 볼페(Tom Wolfe)는 그의 소설 『허영의 연옥』에서 "갈색 립스틱을 칠한 아가씨" 쉘리와 사랑에 빠진 변호사 레리가 함께 하고 있는 낭만적 저녁식사에 우리를 초대한다. 촛불 아래서 레리는 그 아름다운 아가씨에게 자신의 직업적 영웅담을 낭만적인 저녁 내내 들려준다. 디저트를 먹고 나서야 둘은 키스를 하지만 쉘리의 생각은 전혀 다른 데 가 있다. 쉘리는 왜 남자들은 침대에 들기 전에 매번 "이렇게 죽치고 앉아서 두서너 시간동안 '나의 경력'이라며 장황하게 얘기를 늘어놓을까" [11]를 곰곰이 생각한다.

노동 – 하나의 놀이

이 말은 언뜻 서로 어울리지 않는 것처럼 보이지만 노동에는 놀이적 요소가 많이 들어있다.

우리는 경쟁자들과 우열을 다투면서 목적을 정하고, 분명한 규칙에 따라 행동한다. 그러나 이상적인 경우 일할 때도 그렇지만 특히 놀이를 할 때 우리는 집중하게 된다. 과제에 정신을 집중해 온통 거기에 빠지게 되면 우리 주변을 까마득히 잊어버린다. 행복감을 연구하는 사람들에 의하면, 이런 자기 망각적 몰입은 의식의 **흐름**, 즉 정신의 에너지가 자유롭게 유동하면서 만족감으로 해체되는 상태를 의미한다. 노동은 이 흐름의 주요 원천 중에 하나이다.

버나드 슈츠(Bernard Suits)는 그의 저서 『메뚜기』에서, 아무도 일할 필요가 없다면 인간은 아마 노동과 흡사한 놀이들을 만들어 낼 것이라고 주장한다.[12] 아무튼 아이들의 경우 놀이와 노동의 경계선은 유동적이다. 처음부터 아이들은 자신들이 즐겨하는 수많은 놀이에서 어른들의 노동을 모방한다.

노동과 놀이의 차이는 놀이의 경우 하기 싫으면 그만둬도 된다는 점에 있다. 여기에 바로 놀이의 매력이 있는 것이다. 여자들은 임금과 진급의 기회에서 엄청난 차별대우를 받지만 직장에서 남자들보다 대개 더 즐겁게 일한다[13]는 연구가 있다. 여성들 상당수가 직업 외에도 자신의 개인적 삶을 꾸려 나가기 때문에 그만큼 노동에서 더 자유로울 수 있으며, 그래서 어려움이 닥쳐도 별 탈없이 재기할 수 있다고 한다. 물론 이것은 중산층 이상 상류층 여성들에게 국한되는 얘기일 것이다. 그래서인지 몰라도 대부분의 여성잡지들은 직장을 모험을 즐길 수 있는 장소로 묘사하기도 한다. 반면, 남성잡지에서는 직업이 전쟁터를 방불케 한다고 묘사한다. 내가 살아남기 위해 어떻게 하면 많은 적들을 물리칠 수 있을까? 이것이 첫째 가는 주제이다. 처절함이 지배한다. 당연히 남성세계에서는 전쟁에 적합하고, 감동을 주기에 적절한 복장도 찾게 된다. 그런데 성공한 여성이면 일수록 서슴없이 이 전쟁 대열에 끼여들게 된다. 쥐색의 중성 '방탄복'을 입은 여성은 남성 동료들과 마찬가지로 이렇게 경고한다. "여기는 놀이터가 아니야!"

충동원인으로서의 노동

다시 동화의 세계로 돌아가 보자. 만일 왕자가 영웅적 활동을 하지 않고 그저 평범하게 결혼해서 안락한 여생을 보내려고 한다면 무슨 일이 일어날까? 그렇다면 왕자의 수행원들은 지루해서 죽지 않을까? 매일 매시간이 한결같다면 덧없이 공허하게 흐르는 시간 때문에 두려움에 휩싸이지 않겠는가?

인간의 생활에는 어떤 사회적 구조와 과제, 목표가 필요하다. 바로 이러한 필요 때문에 인간은 노동을 하게 되며, 이 노동을 통해 규칙과 제약 혹은 자제를 동반하고 있는 욕구를 충족시킨다. 노동에 의해 시간은 두 개의 영역, 즉 노동시간과 여가시간으로 분할된다. 이 변화의 기복이 없다면 인생은 무의미해진다. 수많은 이들이 겪고 있는 실직에 대한 공포는 이처럼 바로 시간의 구조 상실에서 비롯된다. 실직과 관련된 문제는 하루를 자유롭게 비울 수 없다는 데에 있다.[14] 이를 달리 표현한다면, 만성적 여가시간은 여가시간이 아닌 것이다.

'무엇인가를 해야 한다는 것', 이것은 이러쿵저러쿵 더 이상 따질 필요 없이 우리가 일생동안 품고 다니는 충동원인처럼 보인다. 무엇보다 노동사회에서 우리의 고용주(우리의 이미지에 그는 마치 주유소를 관리하는 듯한데)는 우리에게 '해야 할 거리'를 제공한다. 그것은 사람들이 애써 얻으려고 하는 밥벌이이기도 하지만 존재목표이기도 하다.

우리의 경제가 번창하는 것은 사람들이 상품 또는 벌이에 대한 잠재울 수 없는 욕망을 갖고 있기 때문이기도 하지만, 우리 삶의 에너지가 노동의 형식으로 지나치게 자발적으로 분출되고 있기 때문이기도 하다. 이것은 삶의 에너지가 구조와 목표, 유용하다는 감정 따위로 치환된 꼴이다. 따라서 노동을 제공하는 자는 의미를 제공하는 자가 되어버린다. 직업은 고속도로를 달리는 승용차 역할을 한다. 우리는 이 차를 타고 편한 자세로 인생을 질주한다. 많은 사람들의 경우 노동시간을 확보하는 것을 노동시간 이후의 여가시간에 무엇을 시작하는 것보다 더 중요한 문제로 간주한다. 바로 이런 이유에서 사람들은 복권당첨도 고운 시선으로 보지 않는 것

이다. 갑자기 일하러 갈 필요가 없어질 경우 자신의 인생궤
도에서 당장이라도 쫓겨날 것 같은 기분이 들면서 완전한 진
공 상태에 빠져드는 느낌을 갖게 된다. 물론 이런 느낌은 근
거도 없고 어처구니도 없다.

진공의 공포
빈자리에 대한 두려움

자유는 너무 위험하다고들 말한다. "만일 자신의 내적 공
허함에서 벗어날 수 있게 하는 수천 가지의 조처를 취하지
않는다면 대다수 사람들은 헤어날 길 없는 권태에 빠질 수
있다. 부두노동자, 점원, 체조 교사 혹은 집배원에게 그들의
인격과 시간을 마음대로 처분할 수 있는 권한을 부여한다면,
그들은 우울증에 빠지거나 건달이 될 것이다."[15]

노동은 진공의 공포(Horror vacui)에 대한 항생제인 듯하
다. 우리는 노동을 통해 어딘가에 '매여 있다'고 생각하며,
노동은 우리를 세계에 연결해 주는 정해진 틀의 역할을 하는
것이다. 그래서 일자리가 위협받을 때 실존적 공포가 엄습하
는 것도 까닭 없는 것이 아니다.

그리고 노동이 병이 될 수 있는 것도 이유가 없는 것이 아
니다. 많은 사람들은 그러한 종속성을 행렬에서 이탈하는 순

간에야 비로소 깨닫게 된다. 『시대의 지도』(*Eine Landkarte der Zeit*)의 저자인 로베르트 레빈느(Robert Levine)는 일단 아무 것도 하지 않고 한 번 지내보겠다고 계획했던 자신의 안식년 초기의 감정을 이렇게 적고 있다.

참으로 허전했다. 그 때 나는 세상 대부분의 사람들이 꿈 꿀 수 있는 것보다 더 자유롭게 지냈다. 여권과 박사 명 함 그리고 두꺼운 수표책을 들고 다니는 말론 브란도 (Marlon Brando)는 오토바이를 타고 분주히 돌아다녔다. 그의 행동을 보고 나는 화들짝 놀라 나 자신을 돌아보게 되었다.[16]

우리가 우리의 에너지를 노동에 집중하면 할수록 우리 주 변의 미지의 세계는 그만큼 더 공허해 보이며, 공허해지는 만큼 공포도 증폭된다. 그래서 자기결정권이 있는 자유로운 생활에 대한 우리의 꿈은 마치 죄수가 석방되어 낯선 적대적 세계로 돌아가는 것을 두려워하듯이 공포에 휩싸이게 된다. 이른바 직업이라는 것이 이미 오래 전에 무의미해져서, 노동 의 세계가 삶에 적합하지 못한 조야한 것이 되었다 할지라도 여전히 우리는 진공의 공포에 시달리고 있는 꼴이다.

3

노동의
그늘진 면

그래서 노동은 우리에게 안성맞춤인 것처럼 보인다. 사람들은 — 안정에서 신경발작을 일으키기까지 — 인생에서 추구하는 수많은 것들이 노동에 있다고 생각한다. 자아실현, 명예와 영광도 노동에서 찾는다.

인간과 노동, 이보다 더 적절하게 서로 묶여있는 것이 있을까? 인간과 노동, 이 둘은 서로를 위해 창조되었고, 또 두 패의 퍼즐놀이처럼 서로 나뉘어져 있는 것은 아닌가?

업적붐

"일 이외에도 나는 잠도 자고 쇼핑도 하며 노동에 대해서 곰곰이 생각하기도 한다."

이렇게 하는 것이 〈Lastminute.com〉이라는 인터넷회사를 설립한 27살의 여사장 마르타 레인 폭스(Martha Lane Fox)에게는 힘든 일이다. 그녀는 "영국에서 온라인 사업을 개척한 상징적 인물"로 추앙 받는 사람이다.[1] 물론 독일에도 노동영웅들이 있다. 잡지나 토크쇼에서 젊은 인터넷 벤처 사업가의 성공담, 혹은 사정이 더 나은 경우 새로운 창립세대로서의 여성 벤처 사업가의 성공담이 상업화되는 일은 흔히 볼 수 있는 일이다. 대중매체가 떠들어대는 하이테크, 젊음, 부의 혼합은 급기야 국방부 장관까지도 인터뷰 자리에 나오게 만든다. 그는 기초산업 창업주와 정보기술산업(IT) 전문가들이 새로운 붐에 기여할 수 있도록 병역의무를 면제시켜 주어야 한다고 주장한다. 마침내 나라 전체가 주문에 걸린 듯 온통 으라차차차 소리로 들떠 있는 지경이다. 투자와 업적이 또다시 힘을 얻고 있는 실정이다. 착취자라는 혐의를 받았던 68세대의 기업가가 업계의 귀감이 되었다.

당장은 사업가가 될 생각이 없는 사람들조차도 직업에 거는 기대는 엄청나게 크다. 이 기대를 충족시켜 줄 수 있는 노동은 즐겁고 흥미로워야 할뿐만 아니라 변화무쌍해야 하며, 나아가 자아실현의 가능성을 제공할 수 있어야 한다. 직업이 은행계좌와 사람의 마음을 동시에 만족시킨다는 것이다. 영업노동이 오늘날처럼 이토록 욕망의 대상이 된 적은 없었으며, 또 그것이 삶의 의미와 삶의 충족이 될 만큼 이토록 근본

이 된 적도 없었다.[2]

의미의 **결합**

기업가들은 기본적으로 그들을 환영하는 새로운 분위기 조성에 민감하게 반응하고 있다.

"업적을 요구하는 사람은 의미도 제공해야 한다"는 이 말은 이미 80년대에 대중적인 경영인-협의회의 이름으로 나온 것이다.[3] 이후 개최된 수많은 세미나에서 의미 매개의 기술을 경영능력의 평가기준으로 삼았다. 그래서 거의 모든 기업들이 이른바 합작회사의 정체성을 담보하기 위해 공개광고를 통해 상호를 선정했다.

말하자면 직원 전체가 동질감을 가질 수 있는 가치의 포장술이 필요했던 것이다. 그것은 또한 사람들의 영혼을 사로잡기 위한 것이기도 했다. 젊은 세대의 경향에 따라 화려한 라이프 스타일을 동질화와 접목시켰던 것이다. 그것은 옷을 걸때 보조하는 서비스 또는 마사지 서비스와 같은 일종의 소비자-서비스 역할을 한다. 그래서 사업 전사들은 우리는 초과근무를 감당할 수 있을 만큼 적절하게 젊다는 말을 선전한다.

번지점프가 이제 더 이상 사무실 밖에서가 아니라 사무실

안에서 이루어지고 있는 셈이다.

예전에는 타임 레코드로 신체를 구속하는 것이 문제였다면, 이제는 영혼마저 구속하려는 분위기다. 노동현장에 의미를 채우고, 전 직원이 거대한 가족을 구성하며, 어떤 희생도 기꺼이 감수할 각오가 서게 하여 공동의 비전을 추종하게 하는 공동의 신앙까지 마련되어 있다. 겉으로 보면 이 의미결합에서 모든 당사자들이 혜택을 누리는 것처럼 보인다. 개별 동료들은 자신의 행위에서 좀더 깊은 의미를 추구하며, 경영진의 경우 거대 가족구성원이라는 명분으로 동원된 협력자들을 얻게 된다. 그러나 자명한 사실은 대주주의 경우 이런 협력자들이 팔아준 비전 덕분에 자신의 비전을 더 쉽게 관철할 수 있게 되고, 이로써 소득이 늘어나게 되어 주식의 활로가 더욱 확장된다는 점이다.

아무튼 이런 의미를 촉발하는 저의를 아무도 진지하게 고민하고 있지 않지만 그것을 예리하게 관찰할 필요가 있다. 한 회사가 다른 회사를 시장에서 도태시키려는 저의를 깔고 있는 마당에 그 깊은 의미란 도대체 무엇이란 말인가? 우리가 그런 회사의 지점장이 되려는 소망 뒤에는 어떤 야망이 도사리고 있을까?

헬무트 슈미트(Helmut Schmidt)는 그와 같은 동기의 작동에 대해서 다음과 같은 따가운 코멘트를 붙인 적이 있다.

"그런 야망을 가진 자는 우선 의사에게 가봐야 할 것이다."
라고.

그러나 사원들 대부분의 경우 비옥한 약속의 땅이 그들에게 주어질 것처럼 믿고 있다. 이러한 신앙이 언젠가 행복을 보장해 줄 것이라고 여기고 있는 것이다. 많은 노동자들, 특히 젊은 노동자들의 경우 직업에 의미를 부여하려는 욕망이 너무 커서 행복의 약속에 대해 추호도 의심하지 않을 정도이다. 그들에게 직업은 인생의 만족과 의미충족에 이를 수 있게 하는, 생각할 수 있는 유일한 길이다. 직업 외에 어떻게 자신의 존재를 세상에 증명해 보일 수 있겠는가? 달리 어디서 인정받을 수 있겠는가? 이것이 그들의 유일한 생각이다. 하찮은 존재로서 업적과 성공을 성취한 자들이 출세에 목숨을 걸 것은 그저 자명할 뿐이다.

사생활은 부차적인 것이 된다

그러나 사람이 노동의 세계에 몸을 깊이 담그면 담글수록 그 만큼 더 주변의 세계는 창백한 모습으로 비쳐진다. 모든 정신적 에너지를 온통 일터에만 묶어둘 때, 집과 사생활, 가족과 친구들은 아무 의미도 없게 된다. 하루 12시간 일하는

69

사람은 '노동 저편'에서 의미와 만족을 찾겠다는 생각을 하지 못한다.

어느새 **직업**이 인생의 감독 역할을 떠맡을 뿐만 아니라 **인생 자체**가 되어버린다.

오직 직업에만 진정 도전해 볼 만한 일이 숨어 있는 것처럼 보인다. 컴퓨터 프로그램에서 오류들을 샅샅이 찾아내는 일, 회합들을 무조건 일정에 잡아놓는 일, 불가능한 납품 일정을 엄격히 준수하는 일 등등이 도전거리다. 이런 영웅적 투쟁 바깥에 있는 인생은 다음 돌입작전을 위한 한숨 돌리기에 불과할 뿐이다.

그러나 인생은 도전과 긴장만 아니라 정서적 안정도 제공하지 않는가?

하루종일 귓가에 총알 스치는 소리만 듣는 사람의 경우, 집이나 친구들 틈에서 발생하는 사소한 문제에 귀를 기울인다는 것은 아마도 어려울 것이다. 그래서 그런 사람이 집에 돌아올 때는 마치 K2 비행기에서 내려 아담한 정원 모임에 참석하는 사람처럼 보인다. 그런 사람에 사생활이란 그저 시간을 낭비하게 하는 변두리 세계가 되고 마는 것이다. 이런 상태에서는 인생에 대한 갈증이 다른 것으로 대체된다. 절친한 친구와 얘기할 거리도 더 이상 없다. 흥미진진한 책을 읽는 일은 다음 여름휴가 때로 미뤄둔다. 아이들도 이미 아빠라고 부르는 사람에 대해 더 이상 궁금해하지 않는다.

"달리 사는 방법은 없을까?"

우리의 사적인 관계와 일들은 효율성만을 따지는 직업생활이 요청하는 것과는 전혀 다른 것들에 주목할 것을 요구한다. 여기서는 여유 있는 생활의 기술, 몇 분 몇 시간으로 측량할 수 없는 시간, 느긋함과 헌신, 유용성사고의 독재에 굴복하지 않는 우리 존재의 모든 영역들이 중요하다.

아이를 낳는 것도 때를 맞춘다. 노동사회는 한 번 쯤 생각해 봐야 할 시점에 이르렀다. 출산조차도 더 이상 제 기능을 발휘할 수 없게 되었다. 남자든 여자든 직업이 인생의 유일한 목표인 곳에서 아이들과 씨름하는 것은 부담스럽거나 사치가 될 뿐이다.

젊은 사업가들을 상대로 했던 한 설문조사에서 여성들 가운데 10%, 그리고 남성들 가운데 6%만이 가족구성을 위해 자신들의 직업을 희생할 수 있다고 답변했다.[4] 아이들은 어른늘의 성공석인 식장생활의 틈바구니에 끼여 수년긴 고통당하고 있다. 이제 아이들은 장애물이고 핸디캡이며, 심지어

71

저항할 가치가 있는 유혹일 뿐이다. 왜냐하면 성취한 것을 수포로 돌아가게 할 수 없기 때문이다. 세상을 헤치고 나가려면 가능한 한 재빨리 갓난아이나 어린애 돌보는 일에서 벗어나야만 한다. 그래서 어린애들은 위험한 생물학적 틈새를 스스로 뚫고 나갈 수 있어야 하는 것이다. 성공의 킬러는 이미 귀여운 아기 때부터 길러지는 셈이다.

가장 좋은 시절

우리 인생사는 더욱 더 직업에 의해 결정된다. 우리에게 이른바 가장 좋은 시절은 노동에 헌신할 때이다. 노동을 하고 남는 것이 인생의 몫이다. 하루의 나머지는 우리가 지쳤을 때 앉는 저녁 술자리이며, 한 주의 나머지는 요양이 필요한 주말이고, 인생의 나머지는 기력이 쇠하고 자식들이 멀리 떠나 있을 즈음인 은퇴생활이다. 짐짓 자연적 순서처럼 보이는 이런 상태에 대해서 벌써 한 세기 전에 니체가 분통을 터뜨렸다.

"우리는 근면한 시대가 무엇을 의미하는지 알고 있다. 이 시대는 예술에 가장 적합한 시간과 오전 나절을 우리에게 허용하지 않는다. 예술이 아무리 위대하고 가치 있는 것이라 할지라도 사정은 마찬가지다. 예술은 우리에게 삶의 여유와

72

위안을 제공하는 가치를 지닌다. 그런데도 우리는 남는 시간과 남는 여력만을 예술에 할애할 뿐이다."[5]

우리 인생에서 가능한 모든 역할, 모든 흥미, 모든 세계 가운데 직업과 이른바 승진 이외는 남는 것이 아무 것도 없게 되는 경우가 허다하다. 언제부턴가 경력, 그리고 이와 맞물려 돌아가는 신분상승 및 소득의 증대가 우리가 추구하는 인생의 본래 목표처럼 등장하게 되었다. 그리고 어느 날 신분상승 및 소득의 증대라는 이 목표는 대개 우리도 모르는 사이에, 그리고 우리의 의도와는 반대로 우리 인생을 대체하게 된 것이다.

청년기에 우리는 우리의 인생을 다르게 보았기 때문에 미래는 온통 가능성으로 열려있는 것처럼 보였다. 우리는 온갖 다양한 기분, 감정, 관심을 갖고 있다. 그러나 벌써 우리는 모든 꿈이 실현될 수 있는 것은 아니라는 점을 예감하고 있다. 아마 그래서 청년기의 감성에는 사회진출이라는 들뜬 감정과 이별의 고통이 뒤섞여 있는지도 모른다. 세계 안에서 우리의 역할을 모색하면서 인생에 대한 중대한 물음을 이렇게 제기하기도 한다. 우리는 재주꾼이 되기 위해 태어났는가? 세계를 바꿀 수는 없는가? 감독을 받으면서 어떻게 수많은 관계들을 맺을 수 있을까?

대개는 실용의 측면에서 선택하지만, 신념에 따라 선택하기도 하는 직업이 이 물음에 대한 답을 제공할 수도 있겠지만, 적어도 직업으로서는 문제제기를 막게 마련이다.

햄스터 쳇바퀴의 종점

극소수를 위한 직업은 애초부터 그 자체가 목적이게 마련이다. 우선 사람은 무엇보다 자신의 이상을 직업과 연계시켜 재능을 발휘하면서 자신의 능력을 입증해 보이고, 그 가운데서 즐거움을 맛보려 한다. 물론 이 때 성공도 빠트릴 수 없는 것이다. 성과를 올리고 노력하는 가운데 사정은 점점 나아지게 된다. 책임과 더불어 의무도 늘어나게 되고, 경쟁투쟁은 더욱 치열해진다. 일찍이 장래 생활로서 설계했던 목표에 대해 타협에 타협을 거듭하게 된다. 직장에서 능력을 인정받고 임금도 오른다. 그러나 자유의 감정은 옛것이 되고 만다. 반어적으로 표현하면, 그런 감정은 출세의 사다리를 오르기 전의 까마득한 과거 시절에나 가질 수 있는 것이다. 다음에 있을 임금상승을 주택 신용대출 비용으로 책정해 놓은 사람은 물질의 덫에 걸려 생활수준의 상승이 삶의 질의 향상과 무조건 일치하는 것은 아니라는 사실을 깨닫게 마련이다. 그래서 멋진 규율 속에서의 자아실현이라는 꿈은 조직화된 자유탈취로 끝나게 된다. 개별 모험가로서 승선했던 배가 이제는 아무도 탈출할 수 없는 노예선으로 둔갑하고 만 것이다. 그러니 회사가 없다면 어떨까? 포기할 수 없는 중요한 인물이 되었다는 즐거운 감정은 다른 곳에서는 형성될 수 없는가? 회사가 없다면 사회적 신분을 획득할 수 없을까?

직장에 매여 있는 한 끊임없이 밀어닥치는 과제에 묶여 풀수 없는 일상의 그물에 걸려있게 된다. 이 때는 풍부한 감성이 무시되고 있다는 사실, 그리고 인생의 다채로운 빛깔과 향기가 소멸되고 있다는 사실을 거의 깨닫지 못한다.

우리의 세계가 노동으로 구성되어 있으면 있을수록 이 세계는 더욱 협소해진다. 걸어가야 할 인생길이 행복이 아니라 안전한 연금생활로 통한다는 사실에 대한 인식이 위안이 될 뿐이다.

대리고향으로서의 직업

연금에 대한 권리 이외에도 대리고향으로서의 직업은 또다른 안락함을 제공해야 한다. 그래서 우리의 일터는 더욱 청결하고 조용하며, 밝고 위생적이 되어가고 있는 것이다. 수천 종류의 규격제도, 에컨대 독일공업규격(DIN), 국제표준화기구(ISO), 상해보험조합(BG) 등의 기구들은 우리가 오늘 노동을 할 때 집에서보다 더 안락하고 안전하게, 그리고 건강하게 생활했는지를 염려한다. 그뿐만 아니다. 우리의 노동은 여러 분야에서 무미건조한 맛을 사라지게 만들었고, 변화무쌍해서 더욱 흥미진진하게 되었다. 전문적 활동 분야가 늘어나고 있으며, 이와 더불어 책임과 자결권도 확장되고 있다. 더욱 까다로워진 요구들 때문에 열정과 창의성을 동원하게 만든다. 유연한 노동시간은 중간 휴식시간을 빼앗아가 버렸다. 투덜대는 사무원들이 수많은 사무실에서 사라졌고, 소매를 걷어 부치고 일하는 사람이 분명 승진하고 있다.

그러나 조명이 번쩍이는 무대 뒤에서는 훨씬 더 심도 있는 또 다른 발전이 진행된다. 시장에 새로운 경제질서가 도입되었다. 이 경제질서에서는 좋은 성과를 올리는 만큼 오랫동안 일자리가 보장될 것이라는 믿음을 갖고 있는 피고용자와 고용주 사이의 암묵적 동의가 깨진다. 범세계적으로 확장되고 있는 경쟁은 모든 개별 기업을 압박하고 있다.

이제 더 이상 성실하게 일하는 것이 문제가 아니라 다른 사람보다 더 많은 **성과**를 올리는 것이 문제다. **정말 문제가 아닌가?**

현대 기업들은 수지타산에 맞지 않는 부분들을 운영할 수 없게 되었다. 성과업적의 선두에 서지 못하면 살아남지 못한다. 수지타산에 따라 약자들은 쫓겨날 수밖에 없다. 예전에는 행동이 좀 느린 동료들도 상사들이 봐줬지만 지금은 사회적 낙오자로 찍히게 된다.

우리 시대의 노동은 다른 모든 것들과 마찬가지로 하나의 원료에 불과하다. 기업의 성실성이니 사회복지사업이니 사회적 책임이니 하는 개념들은 글로벌시대의 시장 논리에는 더 이상 어울리지 않는다. 회사원이 30년 장기근속 공로훈장을 자랑스럽게 받는 동안 관리자는 다음 사회복지사업에서 생겨날 손실비용을 계산하고 앉아 있다.

안방에서 끊임없이 지속되는 번잡한 일

범세계 경제는 최고의 속도를 요구한다. 이윤획득 혹은 주가곡선이 정상을 달릴 때까지 매각·구입·합병·인수·구조개편·구조조정·분할·재통합 등이 신속히 이루어진다. 이 때 동료들은 어떻게 되는가? 여기서 도태된 자들은 새로운 여건에 순응하느라 정신이 없다. 새 입사 지원서를 작성하고 전화번호부를 뒤적이며 취업알선 사무실을 찾아다녀야 한다. 그리고 현존하는 회사이 상호를 화인하고 전화를 걸기도 한다. 또 어떤 이들은 마냥 자유인, 시간제 노동자, 혹은 파트타임 중개인, 유급·무급 견습생, 임시 청강생·임시 보조원, 혹은 어떤 지점의 견습공으로 다시 시간을 보내게 된다. 말하자면 불안정한 노동관계에 놓이게 되는 것이다.

이 새로운 시대는 동료들에게 무엇보다도 민첩성과 시간적 유연성을 요구하고 있다. 교대근무, 야간작업, 주말근무가 정규직의 특별근무라는 성격을 잃어버린 지 벌써 오래 됐다. 기계가 인간이 잠자고 깨어나는 생체리듬을 지배하고 있는 것이다. 이러한 전개국면은 인터넷의 개선행렬로 가속도를 내고 있다. 온갖 장단점을 가진 무한한 유연성이 가상공간에서는 가능한 법이다. 점점 더 많은 사람들이 네 벽으로 둘러싸인 자신의 안방에서 자발적으로 혹은 무한한 자기노예화의 상태에서 일하고 있다. 왜냐하면 컴퓨터 노동에는 공간적 한계도 시간적 한계도 없기 때문이다. 그물이 시계를 덮치고 있어서 우리는 가상공간에서 1년 365일, 하루 24시간 피고용자로 일하는 셈이다.

공포의 노동윤리학[6]

기업의 관점에서 오늘날 모든 노동자는 스스로 사업가가 되어야 한다. 즉 그는 시장조건에 맞추어 자신의 노동을 기업에 팔아 그 이익금을 매순간 증대시킬 수 있어야 한다는 것이다.

그러나 그 목적은 순간마다 누가 최상의 노동 제공자인지 식별하기 위한 것이다. 그래서 직업생활 자체가 유일무이한 수습기간인 듯해 보인다. 교체가능성과 가치상실감이 맞물려 돌아가면서 노동자들 사이에는 고용불안정 분위기가 확산된다. 물론 까닭이 없는 것은 아니다.

생계활동을 하는 노동자들 가운데 40%가 직장생활에서 이미 한 번쯤 실직한 경험이 있기 때문이다. 10년 뒤면 독일 주민의 절반 이상이 45세를 넘게 될 것이다. 그 때가 되면 일자리를 옮겨 다니기 어려운 나이에 접어들게 된다. 이는 그들의 지식, 경험, 능력과는 무관하다. 그래서 사람들은 일자리를 잃고 사회에서 도태될까 봐 끊임없는 걱정에 시달리고 있다. 생사를 걸고 직장에 헌신했던 사람들조차도 다음 해고파동에 휘말려 자신의 인생을 결정해 왔던 그 모든 것을 잃을까 봐 안절부절 못하고 있다.

새로운 노동윤리학(Arbeitsethik)의 특성은 공포의 테러이다. 직장에 대한 불안 때문에 수많은 사람들이 초과노동에 내몰리게 되고, 마치 거창한 일을 하는 듯한 잔꾀를 부려야한다. 그리고 살아남기 위해 동료와의 치열한 투쟁에 매진하면서 경험이 풍부한 사무실 전사가 되어야 한다. 그들은 "경주에서 살아남아야 한다는 유일한 희망을 품고 끝없이 질주한다." [7]

아무튼 새로운 직업세계는 시장사회에서 모자라는 상품을 더욱 더 적게 내놓고 있는 실정이다. 이 상품은 정규직이다. 따라서 이 새로운 직업 세계는 더 이상 신뢰나 안전, 결속을 보장하지 않는다. 그러면서 수많은 사람들에게 구속되지 않는 유목민의 생활을 하도록 강요한다. 이런 생활에서는 간편한 배낭을 메는 것이 떠돌아다니기에 더 편리한 법이다. 가족이나 우정의 결속, 그리고 특정한 사회환경에 뿌리를 내리는 것은 이런 경력 쌓기에는 독약이 될 뿐이다.

새로운 시대는 화려한 승자의 유형, 구속되지 않아 필요한 곳이면 언제라도 뛰어들 각오가 서 있는 전사들, 두려움도 모르고 고향도 없는 외인부대 용사들을 요구한다.

이처럼 경제적 필요와 인간적 욕구를 가르고 있는 틈새는 더욱 벌어지고 있다. 그러나 소수만이 독립적 영웅으로 태어났을 뿐이며, 대부분의 사람들은 인간적 욕구를 쉽게 떨쳐버리지 못한다. 그들은 소속감, 연속성, 의무적 관계, 가정에 대한 희망을 갖고 살고 있다.

모든 것이 노동으로 변한다

물론 가정이라는 것도 점차 노동의 그늘 아래 놓여가고 있다.

사무실 문을 닫기 직전에 받은 마지막 전화통화가 다음 일의 시작을 알리는 벨소리일 줄 누가 예상하겠는가? 통화내용은 이렇다. "당신이야, 여긴 방금 일을 마쳤어. 그런데 내가 건축 사무실에 잠시 들러야 한다는 거, 자기도 알지? 리자 집에 가서 애들 좀 데려오면 좋겠어. XY 댁에서 열리는 파티에 우리가 지각하면 안 된다는 것도 잊지마. 벌써 유모한테서 전화가 왔다고? 뭐? 그래, 그래 알았어. 내가 꽃을 사 가지 뭐. 그럼 나중에 봐."

많은 사람들의 경우 일한 다음에 스트레스가 찾아온다. 여가활동도 여러 가족 구성원들의 날짜와 맞추어야 한다. 그래서 자유시간을 마치 어떤 경영자의 일과처럼 철저히 계획구성하면서 지출예산을 짜게 된다. 모든 것이 노동으로 변하는 셈이다. 마치 강요를 받고 있는 듯이 집에서도 계속 노동을 하는 것이다. 집에서 하는 가장 일상적인 일들조차도 노동으로 규정하기 때문에 거기에 의미와 정당성을 부여하려는 것 같다. 아무튼 아주 기본적인 일을 하는 것에조차 적어도 노동의 의미를 부여하려고 한다. 그것은 부모의 경우 양육노동이며, 사랑의 경우 관계노동이고, 상을 당했을 경우 장례식 노동이 된다.

대개 오늘날 사람들은 그저 멍하니 지내는 일이 없고 노동 자체를 하고 있는 셈이다. 자신을 개발하기 위해서는 적성검

사를 받으러 다니고, 자신의 지식욕을 충족시키면서 춤을 추고 놀기 위해서는 강습회에 드나들어야 하니 말이다.

자유시간의 스트레스

자유시간을 프로들의 업적을 모방하는 일로 보내는 사람들의 수가 늘어나고 있다. 흥미로운 것은 직업세계에서 항상 과소평가 받는 육체노동도 여가를 선용할 자격을 부여받는다는 점이다. 심지어 여가는 외모와 건강을 위해서 강제로라도 필요한 것이라고들 말한다. 하루종일 고된 육체노동을 하고 감시의 눈길을 피할 수 있는 자유시간에 휴식을 취해야하는 노동자는 파김치가 된 모습의 전형이다. 그러나 사무용 책상이나 회의석상에 앉아서 하루를 보내고는 저녁에 여러 시설물을 이용하여 땀을 내면서 돈을 쓰고 있는 사람은 또 다른 면의 시대정신을 반영하는 셈이다.

납품기한이 홍수처럼 밀려들 경우 집은 노동세계를 벗어나게 해주는 마지막 휴식처로서의 본래적 기능을 상실하게 된다. 일을 막 마치고 집으로 돌아왔다가 밀린 업무를 하러 다시 집을 나서기 전에 아내와 아이들에게 '안녕' 하고 인사할 수 있는 사람은 그래도 행복한 것이다. 가족생활의 구심점 역할을 하는 식탁이 온 가족이 앉아 함께 일하는 책상으로 바뀌게 되고, 자리가 모자라면 냉장고까지 책상으로 이용된다. 각자 하루 일과의 성과에 따라 그렇게 하는 것이다. 고전적 의미에서의 자유로운 즐거운 저녁은 이미 낡은 모델이 되었다. 스트레스와 분주함이 노동세계에만 국한되어 일어나는 일이 아니라는 사실은 벌써 오래된 이야기다. 많은 사람들은 자유시간에도 초과노동을 하고 있다. 객관적으로 보면 오늘날의 사람은 이전 세대에 비해 훨씬 더 많은 시간을 가지고 있는 것 같지만 현실은 그렇지 않다.

그렇다면 우리는 가속도의 희생양들인가? 좀더 면밀히 살펴보면 우리 스스로 가속페달을 밟고 있는 듯해 보인다. 우리는 어려운 때를 준비하여 스스로 살아남기 위해 그 모든 일들을 하는 것 같다. 우리는 "자유시간을 할애하지 않은 채, 돈을 번다고 노고를 아끼지 않는 데서 오는 어떤 희생도 감수하고 있다."[8]

서비스 사회라는 어설픈 마술

노동활동이 더욱 변하고 있는 만큼 인간들 사이의 관계에서 사고 파는 행위들도 갑자기 변하고 있다. 경제의 유용성 사고가 마지막 남은 사생활의 은밀한 부분에까지 파고드는 상황이다. 특정한 유용성을 끌어 낼 수만 있다면 무엇이든 좋고 가치가 있는 것이 되며, 그래서 사고 팔 수만 있다면 유용한 것으로 취급된다. 지금까지 우리의 사적인 세계에 속했던 종류의 서비스가 갑자기 전문화되었다. 예전에는 그런 서비스에는 가격표가 붙지 않았지만, 지금은 우정, 사랑, 책임감 또는 연정 따위에도 가격표가 붙는다. 어느덧 우리는 고객과 서비스 맨의 차원에서 서로를 만나게 되었다. 지금까지 잘하든 못하든 우리 힘으로 했던 일들을 이제는 프로들이 대신 해결해 주고 있다. 아직도 누가 요리할 시간을 내는가? 지금은 식사조차도 주문배달 한다. 빵을 구울 수 있는 할머니들이 보기 드물게 된 이후로 생일에는 "직접 만드신 것처럼 드십시오"라는 광고 전단을 뿌리는 전문 요리사가 방문한다.

우리는 서비스 맨, 전문가, 자문위원, 생활부문 센터와 같은 말들을 흔히 듣는다. 이와 관련된 명칭으로는 시간경영 자문위원, 일정 전문관리인, 텔레비전 자문위원, TV모니터, 만남-알선업자, 침투전문 훈련가, 아이디어 발명가, 아이디어-광고업자, 이벤트 관리인, 선물선택-자문위원, 소비 자문위원, 유행 자문위원, 화장법 자문위원, 개인코치, 파티 서비스, 마사지 서비스, 헬스센터, 혼인상담센터, 오락센터 그리고 뷰티센터 등등이 있다.

프로의 존재가 이른바 우리의 미래를 보장하고 있는 꼴이다. 바로 개인 서비스 부문이 사업의 성공을 위한 **희망의 관**

리자 손에 넘어간 것이다. 그런 일들을 직접 하려는 사람은 일자리를 포기해야 한다.

대부분의 사람들은 이런 서비스업을 경제적 관점에서 '제로섬게임'으로 간주한다. 사람들은 이런 서비스를 받을 수 있기 위해서 노동현장에서 열심히 일한다. 그런데 그런 서비스는 — 시간만 된다면 — 직접 할 수 있는 일이다. 그러나 문제는 돈이 아니라 진심으로 그 고객이 되고자 하는 생활감정이다. 급기야 우리는 사망시에 처리해야 할 여러 문제들을 전문 장의사에게 맡기는 지경에까지 이르렀다. 고객은 그를 어떤 감성도 허용하지 않고 모든 관계를 깨끗이 정리할 수 있는 전문가로 이해한다. 이런 생활감정 때문에 고객 만족이라는 퇴행성 집단의식이 우리 문화의 최소공약수가 되었던 것이다.

그러나 모든 일을 전문가에게 맡기는 이런 행태는 중단되어야 한다. 이런 산업들은 우리로 하여금 자립 지형에서 한 걸음 한 걸음 벗어나도록 계속 유혹하고 있다. 이런 식으로 계속 된다면 언젠가는 혼자서 거리에 나설 수도 없을 만큼 불안해질 것이다. 아마 그 때는 수행원의 도움 없이는 평지도 혼자 걸을 수 없는 18세기 영국의 어느 백작 부인 꼴이 되고 말지 않겠는가.

노동의 세 가지 **신화**

우리가 주목하는 프로들, 그들은 일의 프로들이고 자유시간에 모방하고 싶은 프로들이다. 이 프로들은 좀더 완벽한 프로가 되기 위해 자신의 사적 세계를 다른 프로들에게 맡기는 그런 프로들이다. 행복에 대한 노동의 약속을 신봉하고 열렬히 추종하게 만드는 그런 프로의 사회 속에서 우리는 살고 있다. 그러나 그 약속을 조금만 더 면밀히 검토하면 그것은 단순히 신화에 불과하다는 사실을 확인할 수 있다.

노동을 통해서만 자아를 실현할 수 있다는 것이 **첫 번째 신화**에 해당한다.

노동을 통해 비로소 자신을 개발할 수 있고 타고난 잠재능력을 발휘할 수 있다는 것은 성서에 나오는 이야기에 불과하다. 직장생활을 하는 사람들에게 현실은 전혀 다른 모습으로 비친다. 노동은 그들을 일면적이게 만들고 그들의 지평을 협소하게 하여 현존재의 다양성을 보지 못하게 만든다. 업적 기념비의 그늘에 묻혀 삶의 또 다른 내용들은 기형적 형태를 취하게 된다. 직업은 생각할 수 있는 모든 욕망과 동경을 위한 영상 스크린이 되어버렸다. 우리는 직업이라는 제도에 의미와 정서, 영예를 부여하여 노동의 본래적 일차 목적인 밥벌이의 경계를 훨씬 넘어서고 말았던 것이다. 그리고 노동은 우리가 제기하는 자유에 대한 요구들을 충족시킬 수도 없다. 오히려 반대로 우리가 노동에 걸었던 마술이 우리를 자유롭지 못하게 만들고 있다.

'마법사의 제자'라는 괴테의 시에서처럼 수단이 목적으로 변질되어 하인이 주인을 지배하는 꼴이 되었다.

두 번째 신화는 노동이 우리를 사회의 가치 있는 구성원으로 만든다는 것이다.

그러나 바로 그러한 노동이 흔히 우리를 사회에서 내모는 장본인이 아닌가? 재정이 탄탄한 빵공장에서 일하는 것을 자랑삼는 수많은 사람들은 이웃이나 다른 사회적 교제는 말할 것도 없고 자신의 가족과도 제대로 얘기를 나눌 시간도 가질 수 없다. 모두가 성공한 경영자가 된 듯 그렇게 일하려고만 한다면, 우리 사회는 어떻게 될까? 도시의 주말 축제를 상상이나 할 수 있을까? 우리의 아이들은 누가 양육하지? 우리의 노동 영웅들이 직장을 잃고 사회화의 재교육을 받아야 할 때는 분명 한때 자신들이 누렸던 사회적 지위를 상실했다는 것을 의미한다. 그렇다면 소위 노동을 매개로 해서 자격을 부여받는 사회 구성원이 무슨 가치가 있는가? 그런 경우 여행할 시간은 없으면서 여권을 가지고 있는 꼴이다.

노동의 **세 번째 신화**는 노동이 물질적 의미에서뿐만 아니라 좀더 깊은 실존적 의미에서도 안전을 보장한다는 것이다.

부분적으로는 맞는 말이다. 왜냐하면 노동은 현존재가 공허상태에 빠지는 것을 막아주고 우리 인생에 확신과 구조와 목표를 제공하기 때문이다. 그러나 그렇게 할 수 있는 것이 우리의 직업노동뿐이란 말인가? 왜 우리는 우리의 직업으로부터만 그 모든 것을 기대하는가? 그렇다면 직장을 잃을 경우 무슨 일이 일어나겠는가? 철두철미하게 경제적 강제성을 토대로 삼고 있는 노동 제도로부터 어떻게 안전을 기대할 수 있단 말인가?

우리는 낯선 메커니즘에게 우리를 내맡기고 있다. 이 메커니즘은 우리 자신의 행복과는 전혀 다른 목적을 추구한다. 우리는 우리 회사가 내일 겪게 될 우연에 좌우되는 것이다. 말하자면 우리는 우리 개인의 행복을 시장의 손에 맡기고 있는 셈이다.

내일이면 우리가 필요가 없어 아무 거리낌없이 우리를 사막으로 쫓아낼 수도 있는 그런 고용주에게 온통 매달리는 것이 이성적인 것일까?

어쩌면 우리가 사생활에서도 누군가와 달콤한 사랑놀이를 할 수 없는 그런 날이 닥칠지도 모를 일이다.

도피하고 싶은
생각을 가진 **일벌레**

그러나 이런 혐오스러움에도 불구하고 직업에 거는 기대감은 꾸준히 상승하고 있다. 그래서 노동은 인간의 생활감정과 인생 프로필 속으로 더욱 깊이 파고들고 있다. 젊은 세대들은 노동에 의미를 부여하고 노동을 자기규정의 큰 척도로 삼는다.

그럼에도 불구하고 노동에 더 많은 기대를 거는 일과 언뜻 어울리지 않아 보이는 또 다른 발전을 그려보려는 시도가 없지는 않다. 한 설문조사에 따르면, 직장생활을 하는 사람 열 명 가운데 고작 한 명만이 자신의 일을 인생에서 가장 중요한 것으로 간주한다.[9] 관리직에 있는 사람들조차도 예전만큼 자신의 직업에 모든 의미를 부여하려고 하지는 않는다. 젊은층의 경영자 네 명 중 세 명은 잠시 혹은 심지어 영원히 자신의 일에서 벗어나고 싶어한다.[10] 사람들에게 인생에서 정말 소중한 것이 무엇인가 묻는다면, 마지막에 가서야 대개 직업이라고 대답한다. 친구, 사람들간의 관계 그리고 자유시간이 훨씬 더 소중하다고들 말한다.

사람들은 인생의 본질이 노동과는 별 관계가 없다고 흔히 생각한다. 하지만 이와는 반대로 현실 생활에서는 노동에 시간과 정열과 관심을 온통 쏟고 있는 것을 보면 이상한 노릇이 아닐 수 없다. 그래서 정신분열증이 나타나는 모양이다. 우리는 인생의 본질적 의미를 가끔 생각하면서도 동시에 한 없이 노동에 구속되어 지내곤 한다. 현대의 일벌레는 일상에서 완전히 일탈하고 싶은 환타지아를 갖고 있다.

최후의 닻

그렇다면 왜 우리는 노동에 덜 매몰되는 또 다른 인생에 대한 꿈을 실천으로 옮기지 못할까? 왜 사람들은 인생의 수많은 작은 철길들이 있음에도 불구하고, 일에 대해 의심을 하면서도 항상 화려한 경력만을 고집하는가? 왜 노동의 행복약속을 맹목적으로 추종하는가? 오늘날만큼 — 특히 물질적 측면에서 — 더 유리한 적이 없었던 더 많은 자유의 가능성들을 왜 이용하려고 하지 않는가?

그 이유는, 자유의 온갖 가능성들에도 불구하고, 여러 가지 공포들, 특히 가치도 없고 쓸모도 없어 고독한 신세로 전락할 것 같은 공포에 우리 인생이 휩싸여 있기 때문이다.

하지만 **노동을 제외한 다른 곳에서는 정체성을 찾을 수 없을까?**

노동의 세계는 세상을 분열시켜 놓았다. 인간들 사이의 연대고리는 더 이상 허용되지 않는다. 가족과 사람들의 여러 관계들을 맺어줄 버팀목이 없다. 이웃들은 서로 모르는 존재가 되어버렸고, 교회와 종교도 우리를 더 이상 감동시키지 못한다. 자명하시만 현대인은 너 이상 공동체에 속하지 못하고, 구성원의 자격을 스스로 획득해야 한다. 영업활동에서의 승진이 혈연관계, 마을공동체, 교회 혹은 가족과 같은 사회적 버팀 장치의 해체를 동반하는 것도 그저 우연한 것이 아니다.

일찌감치 인간은 집과 그 울타리를 포기했고, 이제 고향을 상실한 존재로서 사회에서 한자리를 얻고, 동료들로부터 존경을 받으면서 스스로 만족하는 존재가 되기 위해 투쟁하며 살아야 한다. 이 투쟁을 우리는 오늘도 일터에서 벌이고 있다. 얽매임을 인정하지 않는 세계에서 노동은 개인이 올릴 수 있는 최후의 닻을 의미한다. 노동은 우리가 의존하고 있어서 도박에 내걸 수 없는, 입고 있는 마지막 셔츠와 같은 것이다.

안정과 자유의 영원한 갈등에서 자유가 수레바퀴에 깔렸다. 우리의 꿈은 겁에 질려 이불 속으로 기어 들어가고 말았다. 의심을 받으면서도 공포심은 더욱 증폭되고 있다. 왜냐하면 우리이 희망과는 반대로 ㄱ 공포심을 떨쳐버릴 수가 없기 때문이다.

그리하여 우리는 치명적인 모순상태에 빠져들고 말았다. 다르게 살고 싶지만 그렇게 할 수가 없다. 우리의 처지는, 이미 오래 전에 기력을 상실한 이교도적 신성 때문에 악몽을 꾸는 고통에 시달렸으면서도, 놀랍게도 새로 설립한 교회를 소름끼치는 흉상으로 가득 채운 중세 기독교도들의 처지와 같다. 이와 흡사한 방식으로 노동의 신은, 우리가 벌써 오래 전에 그에 대한 충성맹세를 철회했음에도 불구하고, 우리 위에 군림하고 있는 실정이다.

4

한 일탈자의
일기

의사

"많은 사람들은 부지런하며, 자신을 위해서 노동을
사랑하는 것처럼 보인다. 혹은 노동을
통해 난폭한 비행행각에 빠지는 것을 미연에 방지하기
위해 그렇게 하는 것 같기도 하다.
비행행각에 대해서는 이 자리에서 말할 수 없다. 다만 내가 말하고 싶은 것은
각자 자기 아버지와 어머니 혹은 이웃이 걷고 있는 길이 아니라
자기 자신이 걸어야 할 길을 찾는 데 세심한 주의를
기울여야 한다는 점이다."

헨리 데이빗 소로우 (Henry David Thoreau)

의 사

어릴 적에 배운 대로 행동했다면 틀림없이 나는 부지런한
사람이 되었을 것이다. 다른 어느 곳보다 슈바벵(Schwaben)
에서 일을 하면 돈을 더 많이 벌뿐만 아니라 동료들로부터
인정도 더 쉽게 받을 수 있다. 나는 청교도 소년 합창단원으
로서 "우리 인생 칠십 년 가는 동안 그 인생 값진 것은 수고
와 일이 있었기 때문이어라"라는 시편 찬송가를 불렀다. 이
처럼 나는 교회에서 우리가 이 세상에 존재하는 것은 일하기
위해서라고 배웠다.

사실 나의 아버지는 슈바빙 사람도 교인도 아니었지만, 아버지 세대의 많은 사람들이 그랬듯이 아버지도 전후 재건을 위해서 열심히 일했던 것을 자랑삼아 얘기하곤 했다. 내가 꼬치꼬치 따지면서 아버지와 토론을 벌이면서 내 의견을 말했을 때, 아버지는 올바른 일을 한 번 해 보라고 권고했다. 민감한 청소년으로서 나는 이 모든 영향들을 받지 않을 수가 없었다. 끝없이 많은 성과들을 내놓고 있는 내 주변의 노동 영웅들을 나는 숭배했고, 따라서 일하는 사람들의 도덕 가치는 노동 자체라고 확신하게 되었던 것이다.

그러나 벌써 당시에 나의 의식 밑바닥에서는 의심이 아주 조용히 꿈틀거리기 시작했다. 나는 아버지가 저녁 뉴스를 할 때쯤에 지친 몸을 이끌고 집으로 돌아왔던 것을 기억하고 있다. 그 때 나는 '나중에 저렇게는 살지 말아야지' 하고 생각했다. 그 후 내가 고등학교 졸업시험을 앞두고 있던 그 해 아버지는 일하시던 중 심장마비로 갑자기 돌아가셨다. 그 때 아버지의 나이는 쉰 한 살에 불과했다. 나는 충격을 받고 아버지와는 정말 다른 인생을 살아야겠다고 결심했다.

실제로 나한테는 사람들이 흔히 말하는 직업이라는 것을 우선 피할 수 있는 여유가 있었던 것 같다. 물론 잠시 법학을 공부하긴 했지만, 나의 열정은 이내 음악으로 뻗어 나갔다. 나의 경우 음악을 하는 것은 노동이 아니라 욕구였다. 나는 일을 해야 하는 것이 아니라 항상 음악연주를 할 수 있는 음악가로서의 행운이 있었다고 느꼈다. 자유 작곡가로서 만족했기 때문에 당시 나한테 소중하게 여겨졌던 거의 모든 것을 나는 힘들이지 않고 할 수 있었다. 사람들을 만나 농담도 했고, 인정도 받아 돈을 좀 벌기도 했으며, 그 돈으로 여행도 했다.

그러나 오케스트라 연주자로서 첫 공연을 한 이후, 자유로웠던 나의 열정은 곧 끝이 나고 말았다. 언제, 어디서, 무슨 음악을 연주하느냐 하는 나의 선택의 자유를 주문노동에 팔았던 것이다. 이로써 자유로운 연주는 끝난 셈이었다. 그 대신 나는 날짜와 곡명을 주문 받아 연주일정을 잡았다. 공연이 황금우리가 되었다. 공연비를 많이 받았지만, 그 대가로 자유와 고유한 창작성을 빼앗겼다. 공연 의뢰인들은 오케스트라를 그들의 도구로 여겼다. 그 때문에 나는 피아노 건반으로 먹고사는 사람으로 전락한 느낌을 받았다. 그것이 나의 공명심을 손상시켰던 것이다. 게다가 시간이 지나면서 음악 사업은 나에게 점점 더 무의미해졌다. 뭔가 '올바른' 유용한 일을 하고 싶은 욕망이 강하게 느껴졌다.

나는 의학도가 되어야겠다고 결심했다. 의학공부는 재미있었고, 나중에 의사로 활동한다는 꿈에 부풀어 있었다. 그러나 레지던트로서 일주일에 100시간 이상 일을 해야 했을 때 나는 큰 충격을 받았다. 그토록 나에게 의미 있는 일로 여겨졌던 의술 노동이 고문이 되어 평형감각을 잃게 만들었던 것이다. 그와 같은 마라톤 노동을 당연한 것으로 여겼던 나의 동료에 비해 나는 상대적으로 일을 더 고된 것으로 느꼈던 모양이다. 항상 일에 지쳐 숙면을 취하지 못하고 불안하여 몸을 뒤척였다. 나는 일에 적극적으로 매달릴 수 없었고, 그저 나한테 맡겨진 일만 의무적으로 했을 뿐이었다. 그러나 그땐 벌써, 노동 저편에 있는 또 다른 여러 가지 일들에 대한 흥미마저 잃어버린 상태였다. 나는 가능하면 빨리 이 힘든 노동에서 벗어나고 싶었다.

아내와 함께 작은 병원을 개업하는 것이 이상적인 도피처가 될 것이라고 생각했다. 애초부터 우리는 돈을 많이 벌겠다는 생각을 포기했기 때문에 환자들뿐만 아니라 우리 자신의 생활리듬과 우리 자신을 위해서도 충분한 시간을 갖겠다는 희망을 품고 있었다. 우리는 우리의 공동 직업활동, 가족, 흥미로운 문화생활과 사회적 활동을 동시에 묶어내려고 했다.

어린 세 아이들을 돌보면서 개업을 했던 첫 몇 해는 스트레스로부터 자유롭지 못했던 것이 사실이지만, 우리는 제대로 된 길에 들어섰다는 느낌을 갖고 있었다. 친구들은 직업과 가족생활을 동시에 잘 꾸려나가고 있는 우리를 부러워했다. 그러나 처음에 짰던 계획들 중 중도에 포기해야 했던 것들도 많았다. 지역의사협회의 참여활동이 순조롭지 못했다. 병원에서 저녁때까지도 일을 마치지 못해 제때 모임에 참석하지 못하는 일이 빈번했기 때문이다. 대학도시가 제공하는 풍부한 문화공연들도 모르고 놓치는 일이 허다했다. 너무 많은 일이 종종 힘에 부칠 때, 우리는 애들이 잘 자라고 있고, 모든 것들이 시간이 지나면 형편이 좀 나아질 것이라는 기대감으로 스스로를 위로할 수밖에 없었다.

아이들이 성장했지만 병원을 찾는 환자들도 그 만큼 많아졌다. 저녁 아홉시에 예약된 한 집을 방문해 그 집 환자로부터 "선생님께서는 정말 일을 많이 하시는군요"라는 극찬의 말을 들었을 땐 만감이 교차했다. 우리는 대기실 한방 가득 찬 환자들과 늘 씨름하고 있다. 시간에 쫓겨 일의 능률도 떨어질 뿐만 아니라 일에 대한 재미도 줄고 있다. 가끔 나는 우리가 성취한 이 많은 것에 대해서 만족감을 느끼기도 하지만, 쉴 새없이 계속 일에 쫓기면서 언제나 예약을 받아야 하는 것 때문에 자주 스트레스에 시달리기도 한다. 자발적으로 푸른 숲 속으로 산책 나갈 시간도 없고, 옛 친구가 찾아와도 즐겁기는커녕 일에 방해만 될 뿐이다.

우리는 꽉 짜여진 일상을 매주 그럭저럭 헤쳐나가지만, 다음 주말과 휴가 덕분에 한숨 돌리며 살아가고 있다. 물론 다른 아는 사람들과 우리를 비교해 보면 이런 불평을 늘어놓는 것이 사치가 될 수 있다. 나의 일이 보람도 있고, 나는 사람들과 이야기를 나누는 것도 좋아한다. 나는 의사 생활로 만족하기 때문에 다른 직업을 부러운 눈으로 보지도 않는다. 그러나 우리 부부가 공동으로 직업활동을 한다는 그 계획이 바로 우리에게 점점 더 스트레스로 작용하고 있다. 개인병원이라는 일의 중압감이 늘어나고 있고, 우리 둘 중에 누구도 가사와 사적 영역을 돌보지 않기 때문에 가족과 사적인 모든 부분이 방치되고 있다. 집안 일들은 애들이 컸기 때문에 주로 그들에게 맡겨둔 처지다. 우리 의도와는 반대로 본질적으로 우리는 전후 복구시절의 우리 부모님들보다 직업적인 일을 더 많이 하고 있는 꼴이 되고 말았다.

그러나 이 모든 국면들은 우리 생활에서 잠시였다. 나는 '직업'이라는 말을 점점 더 싫어하게 되었다. 이른바 직업이라는 것이 방해하고 있는 여러 가지 일들을 해야겠다는 생각이 들었다. 직업 말고도 흥미롭고 소중한 일들이 많이 있다. 나는 그런 일에 몰두하고 싶다.

뿐만 아니라 나는 내가 게으르다는 또 다른 문제를 서서히 깨닫게 되었다. 나는 오전을 빈둥거리면서 계산된 일이라고는 하지 않는 습성이 있다. 이런 내 모습을 곰곰이 생각하면 할수록 이 나태한 성향, 즉 게으름을 긍정적으로 해석하고 그것이 필요하다고까지 주장하고 싶은 경향도 그 만큼 더 강해진다.

행복감을 느긋하게 만끽하는 것, 아침식탁에 여유 있게 앉아 있는 것, 눈부신 태양을 실눈을 뜨고 바라보는 것이 필요한 법이다.

필요 이상의 노동을 하는 도덕적 잉여가치 개념은 금세 나에게서 희미하게 사라졌다.
내가 보기엔 **활동한다는 것이 아무 것도 하지 않는 것보다 별로 나을 것이 없다.**

언제부턴가 직업생활을 가지고 있다는 것에 대해 고민하기 시작했고, 그 때부터 나는 돈벌이를 더 이상 내 직업으로 간주하지 않을 수 있게 되었다. 우리는 여러 해 동안 잉여 노동을 했을 뿐만 아니라 우리가 계획했던 것보다 훨씬 더 많은 돈을 벌기도 했다. 나의 양친의 때 이른 죽음은 물질적 유산만 물려준 것이 아니라 나중의 안정적 생활을 위해 현재 너무나 소중한 갖가지 희망들을 유보해 두는 것은 아무 의미가 없다는 정신적 깨달음까지도 물려주었던 것이다.
벌이가 괜찮은 사람들이 흔히 하는 식으로 휴가별장을 장만하는 대신 나는 그만한 돈을 다른 의미 있는 일에 투자할 계획이다. 이 일은 더 이상 돈을 위해 일하지 않을 그런 일이다. 나는 생각할 수 있는 최대의 사치를 부려볼 것인데, 그 사치는 다름 아니라 **시간**이다. 오늘 나한테 소중하다고 여겨지는 것을 오늘 힐 수 있는 시간을 낼 것이다.

나는 내 인생의 소중한 오솔길을 다시 찾아 나설 계획이다.

약간 두렵기도 하지만 그것이 참 즐거움이 될 것이라는 느낌도 동시에 갖고 있다. 아내 혼자 일하게 내버려 두는 건달 같은 놈이라는 예상되는 공격적 비난이 두렵기도 하지만, 그때는, 다른 사람이 내 일자리를 차지하도록 하여 실직의 문제를 해소하는 데에 기여할 것이라는 궁색한 변명이라도 할 것이다. 수많은 도덕적 비난에 대해서는, 내가 비운 자리를 이용할 수 있는 것과 같이 사회친화적인 수천 가지의 방법들이 얼마든지 있지 않겠느냐는 식으로 응수할 작정이다.

또 다른 문제들이 남아있다. 지금까지처럼 나의 일과를 직업이라는 외부구조에 더 이상 맡기지 않을 경우 나는 깊은 수렁에 빠지지 않을까? 나에게 성실한 사람이라는 이름을 달아주었던 그런 세간의 인정이 사라지지는 않을까? 하찮은 일로 시간을 낭비하는 꼴이 아닐까?

그러나 이런저런 이유를 아무리 달아봐도 예상되는 기쁨이 더 압도적이다. **나만의 생활리듬을 지켜나가는 것,** 좀 두꺼운 몇 권의 책을 읽는 것, 아직 접해보지 못한 음악을 듣는 것, 영원히 쉬는 것이 아니라 잠시 일상에서 벗어나는 것, 새로운 것을 만끽해 볼 수 있는 시간을 할애하는 것, 이 모든 것은 생각만 해 봐도 벌써 가슴이 뛰는 일이다.

하루 일에 파김치가 되어 잠자리를 뒤척이는 것이 아니라, 바로 오늘 나한테 소중하고 재미있는 그런 일을 할 때 잠도 숙면을 취할 수 있을 것이다. 어떤 문제가 생길 때는 그저 가족들과 함께 지내면서 사소한 일을 하는 것도 괜찮을 것이다. 누가 나중에 내 직업에 대해 묻는다면, 다양한 날 다양한 대답을 들을 것이다. 내 직업은 가정주부, 아마추어, 정치가, 무직자, 게으름뱅이, 산책하는 사람, 자전거 동아리 혹은 음악가가 될 것이다. 물론 이 직업의 수가 더 늘어날 것 같은 예감이 든다.

5

노동의 긴 역사와
노동숭배의 짧은 역사

"표준이란 무엇을 의미하는가? 시간을 절약하는
기계가 많으면 많을수록 인간은 시간의
압박을 더 많이 받게 된다."

세바스티앙 드 그라시아 (Sebastian de Grazia)

"예수가 저기 온다 — 바쁜 척 해라!"

도로포장공사 때 미국 인부들 사이에서 주로 쓰는 말

여러 세기가 지나는 동안 노동 개념만큼 깊은 심연에서 광채를 발한 것은 없을 것이다. 서구 문화권을 통틀어 노동은 — 어원학적으로 볼 때 — 우선 문제아로 작용한 것임에 틀림없다.

고대 그리스어에서 노동의 의미로 쓰인 단어는 **포노스** (ponos)인데, 불어 **펜느**(peine)와 독일어 **파인**(Pein)은 여기서 유추된 것이며, 그 뜻은 수고(Mühe), 고통(Qual) 혹은 괴로움(Leid)[1]을 의미한다. 영어에서 대개 산고(産苦)의 개념으로 그 의미를 유추하는 라틴어 라보르(labor)는 흔히 빈곤, 질병, 억압이라는 의미로도 쓰인다. 불어 트라바이(travail)도

비참한 출신을 뜻한다. 이 단어는 갈리아 지방의 로만어 트리파리아르(tripaliare)에서 연원한 것인데, 독일어로 풀이하면 '고통을 주다'(quälen)라는 뜻이 된다.

독일어에서 노동 개념은 **힘든 육체노동을 하도록 고용된 고아**를 의미하는 인도게르만어의 동사 오르포(orbho)에서 유래한 것 같다.[2] 신고독일어에 이르기까지 노동은 고난(Mühsal), 고통(Plage), 궁핍(Not)과 동의어로 사용되었다.

이 개념에 대한 부정적 의미평가가 사라진 것은 중세말이며, 이 때부터 **노동 개념**은 **목적지향적인 일** 활동(zweck-gerichtete Beschäftigung)이라는 단순 소박한 의미로 쓰이게 되었다. 18세기부터 노동 개념은 긍정적 의미로 정착되었고, 그 후 이 개념이 신성시되는 데는 그다지 오래 걸리지 않았다. 그 덕분에 오늘날 노동이라는 말을 들먹이면 선거에서도 승리할 수 있게 되었다.

선거 플래카드에 **미래, 안정**이라는 말과 함께 꼭 들어가는 단어가 있는데 그것은 바로 **노동**이다.

우리 문화의 시작 :
노동은 자유롭지 못하게 만든다

일단 다소 찬란했던 고대시대로 한 번 거슬러 올라가 보기로 한다. 고대 그리스와 로마를 통틀어 중세에 이르기까지 노동은 참된 멋진 생활을 방해하는 어떤 것으로 여겨졌다. 노동은 인간이 정신적·종교적·정치적 존재로 발전하는 것을 가로막는 장애물이고, 실존적 궁핍 혹은 순수한 돈 욕심 때문에 인간을 타락시키는 사악한 것으로 통했다.

이에 대해서 아리스토텔레스는 간단 명료하게 밝혔다. "노동과 미덕은 서로 대척관계를 이룬다." [3] 우리의 현대적 감성으로서는 납득하기 어려운 이러한 태도는 고대철학의 경우 활동적 삶보다 명상적 삶을 절대적 우위에 두었다는 사실을 감안하면 충분히 이해할 수 있다. 고대철학은 정신의 안정 상태, 즉 명상에서만 인간이 자연과 우주와 하나가 되어 영원한 진리를 인식할 수 있다고 믿었던 것이다.

아리스토텔레스는 명상과 노동활동의 대립을 평화와 전쟁의 차이로 비교한다. 평화를 위해서 전쟁이 일어나듯이, 모든 종류의 활동, 심지어 사유하는 것조차도 궁극적으로는 안정에 봉사해야 하고, 안정에서 정점을 이루어야 한다는 것이다. 라틴어에서 활동이라는 단어는 **불안정**(neg-otium) [4]이라는 부정적 의미를 나타낸다.

고전주의 철학자들의 경우 일상의 필연적 활동에 최소한의 여지를 부여하는 것이 멋진 삶으로 통한다. 필연의 왕국(Das Reich der Notwendigkeit)을 획득한 사람만이 영예로운 자유의 왕국(das Reich der Freiheit)에 들어갈 수 있다고 한다. 이 자유의 왕국은 소크라테스가 여가의 자매라고 불렀던 한가로움을 의미한다. 그러나 손으로 하는 일을 천하게 여기면서, 그것은 정신을 무디게 하고 고상한 성품을 타락시킨다고들 말한다. 그래서 가능하다면 그런 노동들은 노예와 여자 혹은 외국 식민지들에게 떠넘기려 했던 것이다.

디오게네스의 큰 통

경제적 필연[5]의 천박성에서 벗어나고 내면의 자유와 평정을 얻을 수 있는 적합한 수단은 물질적 욕망을 억제하는 것이다. 옷도 음식도 지니지 않고 바가지 하나로 살아갔던 유명한 철학자 디오게네스(Diogenes)는 이목을 끄는 방식으로 그의 동시대인들에게 금욕의 자유로운 삶을 모범적으로 보여주었다. 속세의 향락을 거절하지 못한 에피쿠로스조차도 이렇게 적었다. "우리는 자족도 훌륭한 것으로 간주한다. 그것은 우리가 적은 것으로 만족할 수 없다 해도, 많은 것을 가지고 있지 못할 때 적은 것으로도 만족하며 살아가기 위한 것이다. 자기 몫을 최소한으로 필요로 하는 그런 사람은 여분이 있으면 분명 그것을 가장 달콤하게 향유할 수 있는 법이다."[6]

외적 조건들뿐만 아니라 동시대 사람들의 의식으로부터도 독립하려는 노력들은 다양한 활동들에 대한 가치평가에서도 반영된다. 신들의 은혜와 날씨의 조화로움에만 의존했던 자유농민도 일정한 신분과 사회적 혜택을 누렸다. 반면에 주문자들에게 의존해 살면서 자신의 노동을 팔아야만 했던 수공업자들은 속물로 취급받으면서 자유민으로서 인정받지 못했다. 돈을 위해 자신을 종속시키는 사람은 자발적 노예로 간주되어 경멸받았던 것이다. 따라서 사회적 신분에서 임금 노동자는 항상 자신을 비천하게 만들도록 강요받는 노예상태에 놓여 있었다.

자명한 얘기가 되겠지만, 다른 사람을 속박할 수 있는 자만이 노동을 천시하는 태도를 취할 수 있었던 것이다. 자유롭고 한가한 생활은 봉건사회에서만 존속할 수 있었던 엘리트의 특권이었다. 아리스토텔레스조차도 이 사실을 못마땅한 투로 의식하고 있었다. 그는 이렇게 적었다. "방적기가 스스로 움직여 옷을 짜낸다면(⋯) 당연히 장인에게는 조수가, 주인에게는 노예가 필요 없을 것이다."[7] 물론 아리스토텔레스는 이런 상황이 산업화와 더불어 현실이 된다는 사실을 예감하지 못했다.

111

성서에서의 노동 :
백합화를 보고 배워라!

고대 그리스와 로마 철학자들은 노동과 삶의 관계에 대해 진술하는 것을 흔히 즐겨했던 것이지만, 성서에서 이 주제는 별로 취급되지 않는다. 창조의 역사에서 ― 다른 수많은 창조신화들에서도 그렇지만 ― 노동은 인간에게 저주로 주어진 것으로 나타난다. 죄의 대가로 인간은 얼굴에 땀을 흘려야만 빵을 얻을 수 있다.[8]

신약성서에서는 노동이 더 이상 당연한 필연으로 나타나지 않는다. 이 때부터 이 필연적 운명에 큰 의미를 부여하지 않아도 되었던 것이다. 인간은 오직 영혼의 치유만 염려하면 된다.

이는 산상설교에서 시적으로 표현되었다. "들에서 자라고 피는 백합화를 보고 배워라! 이 백합화들은 수고도 아니하고 길쌈도 아니하느니라. 그러나 내가 너희에게 말하고 싶은 것은 솔로몬의 모든 영광으로 입은 옷이 이 꽃 하나만도 못하다는 점이다."[9]

성서는 예수가 ― 오늘날 우리가 이해하고 있는 개념의 ― 노동에 종사했다는 흔적을 거의 보여주지 않는다. 그가 목수였다는 주장은 근대의 우화에 불과하다. 소명으로서의 직업이 예수의 정신세계에서는 낯설었던 것이다. 천 오백 년이 지난 뒤 마침내 루터(Luther)가 이 개념의 의미를 뚜렷이 부각시켰다. 예수가 마리아와 마르타 자매를 만나는 성서의 장면을 관찰해 보면, 예수가 무엇에 우선권을 두고 있는지 확연해진다. "예수와 그의 제자들이 계속 길을 가다가, 한 마을에 들렀을 때, 그는 마르타라 불리는 한 여자로부터 손님 대접을 받았다. 마르타에게는 마리아라는 동생이 있었는데, 이 동생은 예수의 발아래 앉아 그의 말씀을 듣고 있었다. 반면에 그 때 마르타는 식사준비를 하느라 바빴다. 그는 예수께 나아가 이렇게 말했다. '주여, 내 동생이 나 혼자 모든 일을 하게 두는 것을 생각지 아니 하시나이까? 동생에게 나를 도와 주라 하옵소서.' 주께서 대답했다. '마르타야, 마르타야, 네가 많은 일로 염려하고 수고를 하나, 한 가지만 하면 족하니라. 마리아는 저 좋은 편을 택했으니 뺏을 수 없는 노릇이니라.'"[10]

현세 생활의 의미를 좀더 강조한 사람은 사도 바울이었다. 그는 "누구든지 일하기 싫어하거든 먹지도 못하게 하라!"[11]는 유명한 설교를 남기기도 했다. 물론 이 설교는 노동의 가치를 특별히 평가하고 있지만, 그것은 공동체의 모든 구성원이 동일하게 일해야 한다는 소망에 대한 표현 그 이상을 의미하는 것은 아니다.

평소 바울은 예수와 꼭 마찬가지로 신의 품성에 어울리는 창조충동에서 항상 거리를 멀리 두고 있었다. 이 창조충동은 천 오백 년이 지난 뒤에야 성서에 대한 소명으로 관철될 수 있었던 것이다.

중세의 노동 :
인류가 저지른 죄의 대가

로마 제국의 몰락이 초래한 경제적 재앙은 게으른 상류층의 생활 기반을 송두리째 흔들어 놓았다. 고대의 찬란했던 날들이 지난 후 이제 현세를 외면하고 내세를 지향하는 생활 태도가 지배적이게 되었다. 초기 중세는 현세적 삶을 눈물의 골짜기로 파악했다. 이 골짜기에서 노동은 인류가 저지른 죄에 대한 정당한 대가로 취급되었기 때문에 사람들은 불평 없이 노동을 해나갈 수밖에 없었다.

승려 생활에서 고된 노동은 참회수련을 위한 좋은 길이었다. 그러나 6세기 초엽 성 베네딕트(Benedikt)는 "기도하라 그리고 일하라"(Ora et labora)는 그의 유명한 모토에서 노동보다 **기도**를 앞세웠다. 물론 이 수도사가 승려들에게 시켰던 수많은 노동은 오늘날 우리의 기준에서 보면 별일 아니다. 덧붙인다면, 토마스 폰 아퀴나스와 같은 신학자들에 의해 합법화된 탁발 수도회가 중세 전 기간에 걸쳐 존속하였다. 하지만 이 수도회는 노동을 통해서는 신의 마음에 합당한 명상적 삶을 결코 획득할 수 없었다.

중세 후기는 점차 경제를 회복하기에 이른다. 기존의 자립 농경뿐만 아니라 상업도 다시 발전하기 시작했다. 작은 도시마다 길드로 위계 조직화하여 엄격히 규율을 적용하는 수공업자 협회가 생겨났다. 이 조직을 통해 노동 자격증이 발급되었던 것이다. 그리하여 12세기에는 직업의 명칭에 따라 이름이 부여되는 일이 허다했다. 우리 시대의 밀러(Müller 방앗간 주인), 마이어(Maier 달인), 슈미트(Schmidt 대장장이)라는 이름의 기원도 여기서 시작된 것이다. 길드조직은 제품의 가격뿐만 아니라 임금도 결정했다. 그것은 경쟁과 혁신을 방해하기도 했지만, 상대적으로 수공업자들에게 충분하고 안정된 일거리를 제공하기도 했다.

만사는 시간의 제약을 받는 법이다

산업화 이전의 시대, 특히 주민 대다수가 농업경제에 종사했던 시대의 노동행위와 오늘날 우리가 이해하고 있는 그것과는 비교를 할 수가 없다. 그 때의 노동시간과 노동리듬은 전적으로 자연에 좌우되었다. 대개 여름에 들판에서 집중적으로 노동이 이루어졌고, 반면에 겨울에는 마냥 놀면서 지냈다. 중세의 달력은 온갖 종류의 기념일로 가득 채워져 있었다. 줄리엣 쇼르(Juliet Schor)에 따르면, 중세 영국은 3일에 걸쳐 한 번 축제일을 잡고 있었다.[12] 구체제 복고기의 프랑스는 일요일 52주 이외 국경일과 휴일을 128일로 정하였다. 그러나 1789년 혁명 이후, 1주를 10일로 계산하는 법을 도입함으로써 세 번째 일요일이 사라지게 함과 동시에 128일의 공휴일 가운데 38일을 다시 줄이게 되었다.

중세의 경우 — 원시 기독교적 의미에 따라 — 부(富)가 경멸과 비난의 대상이 되었다는 사실 때문에 지나친 노동욕망이 억제되었던 것이다. 중세의 사람들은 "돈에 대한 정당한 관계조차 맺을 수 없었다."[13] 다시 말해 중세 사람에게 "경제활동이란 어린애가 학교수업을 받는 정도의 정신적 활동에 불과했다."[14] 경건한 사람에게 물질적 번영은 현세에서 죄를 짓는 것과 같은 의미로 통했다. 생활조건의 개선과 진보를 추구하는 것이 당시 사람들의 눈에는 신이 제시한 자연적 세계질서를 어기는 것과 같았다.[15] 1330년경에 화가 암브로지오 로렌쩨티(Ambrogio Lorenzetti)는 중세 후기 사회의 전형적 모습으로서 〈훌륭한 통치의 효과〉라는 제목의 대형 벽화를 시에나(Siena) 의사당 벽에 그렸다. 이 벽화는 시에나 도시와 그 곳의 시골풍경을 담고 있다. 그 그림에서 수많은 사람들이 서두르지 않고 천천히 일하러 가는 모습을 볼 수 있

116

다. 군데군데 그룹을 지어 담소를 나누고 있는 사람들의 모습도 보인다. 시장의 넓은 광장에는 많은 사람들이 모여 춤을 추는가 하면, 줄을 지어 걷고 있는 사람들의 행렬도 보인다. 로렌쩨티는 이 그림을 통해 중세 사회가 노동을 포함해서 각자 서 있어야 할 자리를 정해 놓고 있다는 사실을 보여준 셈이다

신교도적 전환 :
시간이 **돈**이 되다.

16세기 초엽, 중세의 생활질서와 노동질서의 견고한 석조 구조물에서 최초로 돌을 빼낸 사람은 당시 아우구스틴 수도원의 승려였던 마르틴 루터(Martin Luther)였다. 그는 인간노동을 새롭게 평가함으로써 자신도 예감하지 못한 자본주의 경제구조의 발전에 확고하게 기여하게 되었다.

루터가 **노동**을 완전히 가치 중립적인 '**직업**'으로서의 활동으로 규정함으로써 노동의 역사에서 중대한 언어가 하나 창조된 셈이었다.[16] 반어적으로 표현하면, 복음주의라는 순수한 의미를 획득하려 했던 신교도들은 ― 현대적 직업 개념을 만들어 냄으로써 ― 원시기독교 정신에서 멀어지게 되었던 것이다.

『신교도의 윤리학』이라는 책에서 막스 베버는 마르틴 루터의 '직업'(Beruf) 개념이 나온 이후 노동에 대한 이해가 확연하게 달라지게 되었다고 밝히고 있다. 지금까지, "통례적으로 먹고 마시는 것과는 무관한 것으로"[17] 취급되어 왔던 활동이 이제부터 신에 의해 부여된 성스러운 의무, 즉 **소명**(Berufung)이 된다. "새가 날기 위해 태어나듯이 인간은 노동하기 위해 태어났다."[18] 이 때 루터에게 중요한 것은 노동의 내용이 아니라 의무의 이행이다. "미천한 하녀에게 왜 집을 청소하고 접시를 닦으며 소에게 풀을 먹이는가 묻는다면, 하녀는 나의 노동이 신의 마음에 든다는 사실을 알고 있기 때문이라고 답변할 것이다."[19]

고대와 중세의 인생관에서 이상으로 여겨졌던 게으름이 — 다섯 아이의 아버지로서 삶의 실천적 관심을 낯설게 느끼지 않았던 — 루터에게는 악마의 장난으로 보였던 것이다. 루터는 단호히 말한다. "게으름은 현세에서 노동을 하라고 명령했던 신의 계율을 위반하는 죄이다. 그것은 또한 이웃에 대해 죄를 짓는 것이기도 하다."[20] 이로써 그는 내세를 향했던 중세 사람들의 삶의 에너지를 현세로 돌려놓았고, 오늘날의 근면한 산업 세계를 위한 전제조건들 가운데 하나를 세운 셈이다.

그러나 루터가 노동 개념을 근본적으로 혁신했음에도 불구하고 경제에 대한 그의 사상은 이미 끝난 중세의 세계에 여전히 갇혀 있었다. 그래서 그는 각 사람에게 확고하게 지정된 사회적 자리라는 신분적 질서에 대해서는 어떤 문제도 제기하지 않았던 것이다. 또한 그는 동시대 교회의 원리에 동의하면서, 개인적으로 부유해지려는 노력과 이자를 목표로 한 돈놀이를 — 이 둘은 자본주의 경제의 전제 조건들인데 — 신의 은총과 양립할 수 없는 것으로서 거부했다.

청교도정신 :
낙타가 **바늘구멍**을 통과한다

17세기와 18세기 유럽 북부와 서부를 강타한 제2차 종교개혁의 물결이었던 청교도주의[21]는 노동 개념에서 더욱 결정적 걸음을 내딛었다. 청교도들에게 경제적 성공은 신에 의해 선택 받았다는 것의 증거였다. 그러나 동시에 부의 향유와 과시는 경멸의 대상이었다.[22] 노동숭배와 자기금욕이 뒤섞인 이러한 가치의 혼합은 열심히 노동을 해야 하지만, 노동을 통해 얻은 부를 어떤 경우에도 향유해서는 안 된다는 모순적 행동준칙을 만들어 냈던 것이다.

아무튼 이로써 "부자가 천국에 들어가는 것보다 낙타가 바늘구멍을 통과하는 것이 더 쉽다."[23]는 원시 기독교적 관념은 이제 뒤집어졌다. 이 때부터 부유하게 되는 것, 그것은 바로 신성한 의무였다.

"다른 어느 길에서보다 그대들이 해를 입지 않고, 그대들의 영혼과 다른 이들의 영혼을 위해 더 많은 것을 얻을 수 있는 그 길을 신께서 보여줄 때, 그 길을 거절하고 보잘것없는 이득을 낳는 길을 쫓는다면, 그것은 그대들 소명의 목적들 가운데 하나에 못을 박는 짓이며, 신의 대리자가 되길 주저하고 그의 선물을 받지 않으려는 짓과 다를 것이 없다." [24]

경제적 노력은 이제 여기서 현세적 삶 자체의 자기목적이 된다.

"인간은 살기 위해서도 노동을 하지만, 노동을 위해서도 사는 것이다. 아무 일도 하지 않으면 고통을 당하거나 죽게 될 것이다." [25]

청교도정신의 확장과 더불어 자본주의 시대의 도래를 위한 토대가 마련되었다. 이로써 유령회사가 난립한 이 시대 상인들은 아무 거리낌없이 돈을 쉽게 벌 수 있게 되었다. 그리고 근면과 질서의 의미가 기본 미덕이 됨으로써 청교도 정신은 갈등 없이 산업생산의 길을 예비했던 것이다. 이 예비작업을 통해서 성실하면서 금욕적인 노동집단이 형성되었다. 그러나 아직 더 개선되어야 할 것들이 많이 남아 있었다.

시간은 **돈**이다

"시간은 돈이다"라는 이 짧막한 명제로 정치가이자 발명가인 벤자민 플랭클린(Benjamin Franklin)은 무조건적 근면성이라는 청교도적 신조를 정점에 올려놓았다. 시간은 돈과 마찬가지로 바로 재산이 된다. 이 때부터 현대인은 더 이상 잃어버릴 시간이 없다. 플랭클린은 그 이유를 바로 이렇게 설명한다.

"자신의 노동으로 하루 10실링을 벌 수 있는 사람이 반나절 산책을 하거나 방에서 빈둥거리며 시간을 보낸다면, 설령 하루 생활에 필요한 돈이 6페니에 불과하다고 해도 이것만 생각할 수 없는 노릇이다. 그는 6페니 외에도 실제로 5실링을 더 썼거나 버린 꼴이 된다. 5실링 가치의 시간을 쓸모 없게 보낸 사람은 5실링을 잃어버리게 되며, 값진 5실링을 바다에 던진 것이나 다름없는 것이다."[26]

플랭클린의 주장이 얼마나 합리적인가는 따져볼 가치가 있다. 비록 "개인의 행복이라는 관점에서 볼 때, 그런 게으른 삶의 태도가 비합리적인 것"[27]은 분명하지만, 자본주의 직전 시대의 인간이 생활태도에서 "지나친 생산 충동"[28] 이외에는 아무 것도 보지 못한 것은 문제가 아닐 수 없다.

플랭클린이 그의 책에 시명을 하고 250년이 지난 지금도 그의 주장들은 우리 문화의 집단적 의식 저변에서 저주의 말처럼 되울려 퍼지고 있다. "시간이 돈이라는 것을 기억하라!"

계몽주의와 부르주아 혁명 :
노동 후광의 새로운 광채

종교개혁이 노동에 영적 가치를 부여한 이후 18세기 말과 19세기에는 이전과는 전혀 다른 방향에서 노동 개념의 의미가 부각되었다. 계몽주의 시대의 경우 노동은 "진보와 이성, 계몽 그리고 사회적 행복과 개인의 행복을 위한 담보물" [29]이 된다. 독일에서도 이러한 사상의 맹아가 비옥한 옥토에 떨어져 1799년에 이미 쉴러는 「종소리에 대한 노래」 "Lied von der Glocke"를 시로 읊었다.

노동은 시민의 자랑거리
축복은 노고의 대가이어라
왕에게는 그의 위엄을 돌려주고
우리에겐 손의 노고를 경배하라

마르틴 루터가 중세 승려들의 게으름을 비판했듯이, 이제는 귀족의 한가로운 생활이 비판의 표적이 된다. 1848년에 맑스와 엥겔스는 부르주아 혁명이 "귀족적 게으름에 대한 산업의 승리"를 의미하며, 산업과 더불어 어원학적 의미에서 근면이라는 온전한 단어를 떠올릴 수 있게 되었다.[30]

1848년 혁명은 노동의 권리를 단숨에 인권 차원으로 끌어 올려 놓았다. 사회주의 혁명은 처음부터 노동계급이라는 직함을 달고 출발했던 것이다. 자유주의자들과 공산주의자들이 노동에서 혁명의 잠재력을 제대로 발견했던 셈이다. 출신 성분이 높고 낮음에 따라 개인의 기회가 결정되었던 그런 사회에서 노동과 업적에 대한 재평가는 시스템을 해체하는 효과를 야기하게 된다. 노동을 가치 있게 평가하는 구조에서만 지안니 아그넬리(Gianni Agnelli)와 같은 올리브 재배 농민도 피아트(Fiat)와 같은 산업왕국을 건설하고 당대의 영향력 있는 사람들 가운데 한 사람이 될 수 있는 법이다.

혁명가들의 성공 비법은 단순하지만 효과는 크다. 요컨대 그들은 노동을 고귀한 것이라고 선언함으로써 귀족에게 치명타를 날린 것이다. 우리가 지난 수세기 동안 노동에 드리워졌던 어두운 그림자를 예의 주시한다면, 그것은 실로 노동 가치에 대한 혁명적 재해석이라고 할 수 있을 것이다.

쉬지 않음의 승리

산업화와 더불어 노동은 지금까지 본 적이 없는 야만을 동반하여, 마을 공동체에서 부족하지만 나름대로 평온한 삶을 영위했던 농민들에게조차 밀어닥쳤다. 인구가 증가하고 지방경제에서 생산성이 급속도로 증대하면서 농민의 생활도 빠르게 변모하였던 것이다. 가난한 농민들처럼 땅이 없고 자신의 생존기반이 없어 농촌을 떠난 사람들은 19세기 중반까지 하루 16시간 노동을 강요했던 공장주들의 요구를 따르는 것 외에 달리 선택할 길이 없었다.

공장주들이 노동자들을 기계 가동 시간에 온통 묶어두고 엄격한 군대식 노동조직에 편성한 그런 굴종의 상태는 우선 두 가지 기술혁신 때문에 가능했던 것이다. 전기보급의 확산으로 이제 여름이든 겨울이든 항상 노동을 할 수 있게 되었다. 그리고 언뜻 눈에 띄지 않는 또 다른 발명품이 노동의 면모를 근본적으로 바꾸어 놓았다. 그 발명품은 바로 시계다.

시간을 정확히 잴 수 있는 것이 일반화됨으로써 객관적이고 지속적인 기계의 시간이 임의적인 주관적 시간감각을 대체하게 되었고, 노동은 정해진 시간의 길이에 따라 돈을 받는 활동이 된 것이다. 동시에 여가는 노동에서 면제된 시간으로 정착된다. 이 때부터 생활은 엄격히 서로 구분된 두 개의 영역으로 나뉘어졌다.

산업화 이전의 사람들에게는 시간에 상표를 다는 것만큼이나 이상한 것은 없었다. 당시 사람들은 과제가 주어지고 날씨가 허용하면 일을 했던 것이다. 사람들은 일 없이 쉬는 동안 혹은 일을 하면서도 함께 놀고 담소를 나누며 노래를 부르기도 했다.

물론 초기 산업 노동자들의 정신상태는 생활의 질이나 효과에 대한 염려보다 사교의 욕구에 더 많은 관심을 둔 전통적 생활방식에 여전히 붙잡혀 있었다. 공장주들은 당근과 채찍을 들고 느릿느릿한 과거의 노동태도를 종업원들로부터 일소하려고 했다. 그리하여 그들은 중세 이후 만연되어 있던 월요병의 관행을 퇴치하기 위해 분주히 뛰어다녔다. 관습법에 의하면 수공업 도제들은 사적인 일이 있을 경우 월요일에 일을 쉬어도 되거나 집회를 열 수 있었다. 그러나 대체로 우울한 월요일은 일요일에 마신 숙취상태를 회복하거나 계속 연장하는 데 이용되었다. 그러나 19세기의 논문에서 이 관습법은 다시 비난의 대상이 된다. "우울한 월요일은 일요일만큼 경건해야 할 것이다."[31]

아무튼 산업화 이전의 사람들을 기계 노동자로 개조하는 것은 일등 계급에게 한 시간 동안 조용히 의자에 앉아 있으라고 지시하는 것만큼이나 어려운 일이었다. 이 훈련의 문제는 초기 공장의 파산과 관련되기도 했다. 그 때문에 많은 공장주들은 어린아이의 고용을 선호했다. 아이들은 순진해서 훨씬 쉽게 교육시킬 수 있었던 것이다. 노동을 신성한 의무로 믿어들었던 신교도적 노동자들조차 그런 편견에 사로잡혀 있었다.

충분은 충분치 않다 :
19세기의 새로운 도덕

　공장주들은 최초의 주당 임금을 지불한 후 노동력을 잃어 버리는 경우가 허다했다. 왜냐하면 많은 노동자들이 돈을 충분히 벌고 나면 곧 기계를 내팽개쳤기 때문이다. 초기 산업 노동자들의 의식에는 여전히 전통문화가 잔뜩 배어 있었다. 이 문화에 젖어 있는 사람들은 지출을 감당할 수 있을 만큼 소유하게 되면 그것으로 충분하다고 본다. 그러나 이 **충분**에 대한 만족감은 우리 모두가 의존하고 있는 ― 자본주의 경제의 목표이자 전제이기도 한 ― **잉여**에 의해 서서히 밀려나게 된다.

　이런 상황에서 고용주는 우선 다음 행보를 내딛으면서 도급제를 도입하여 잉여노동을 촉진시킨다. 그러나 도급제는 노동자들이 부여된 필요노동을 재빨리 해치우기 때문에 잉여노동이 그만큼 줄어드는 역설적 결과를 초래한다. 결국 이 때문에 임금을 낮출 수 있는 적절한 수단으로서 도덕적 명분을 찾게 된다. 그래서 임금은 직접적 생계를 위한 최소 생계비로 낮아지게 된다. 이 점은 1747년에 작성된 영국 왕실의 한 보고서에서 명확히 드러난다.

잘 알려진 사실은 일주일에 3일 노동으로 생활에 필요한 것을 충족시킬 수 있는 노동자는 일주일의 나머지를 빈둥거리며 놀면서 술에 빠지게 된다는 점이다. 그래서 가내공업에서 임금을 줄이는 것이 국가의 복지와 번영에 도움이 되며, 가난한 사람들에게도 어떤 해가 돌아가지 않는다고 우리는 서슴없이 말할 수 있다.[32]

그리하여 하층집단을 도덕적으로 개선하는 수단으로서의 노동이 상당한 저력을 발휘한다.

당국의 경우 근면성은 바로 정의와 질서의 담보물이며, 따라서 근면성을 적극적으로 장려하고 요구한다. 프랑스 국가의 수반이었던 나폴레옹은 1807년 한 편지에서 이렇게 적고 있다.

나의 국민들이 더 열심히 일을 하면 할수록 패륜은 그만큼 더 줄어든다. 나는 국가의 책임자다.(…)그래서 나는 예배를 모두 마치고 일요일에도 계속 장사를 하도록 할 것이며, 노동자는 자신의 작업현장으로 다시 돌아갈 것을 명령할 것이다.[33]

이 못지 않게 프로이센의 빌헬름 2세도 1890년에 '노동자 개선을 위한 제안들'이라는 제목으로 도덕적 개선을 명확히 표명한다.

하루 8시간의 정상적 노동이 지켜지고, 모든 여성노동을
없애고, 유아노동을 대폭적으로 제한하는 등의 조치가 취
해진다면, 성인 노동자들이 자유시간을 식당에서 보내게
되며, 지금까지보다 더 자주 선동집회에 참여하여 더 많은
돈을 지출하게 될 것이라는 도덕적 우려가 발생할 수 있
다. 임금을 줄이지 않고 지금까지의 것과 동일하게 지급한
다 하더라도 그들은 결코 만족하지 않을 것이다.[34]

산업화라는 신흥종교

19세기 산업노동자 다수는 ― 찰스 디킨즈(Charles
Dickens)의 소설들과 프리드리히 엥겔스의 저작들에 감명 깊
게 기술되어 있듯이 ― 비참한 비인간적 상태에서 살았던 반
면, 플랭클린의 충고를 충심으로 받아들여 그것을 실천하려
했던 새로운 인종이 부르주아 계급 내에서 발전하였다.

대망을 품은 기업가 계층은 머리부터 발끝까지 청교도 정
신으로 세례를 받아 이득의 획득에 관심이 집중된 것은 물
론이고, 이득과 관련 없는 모든 헛된 충동을 없애려는 강박
관념에 사로잡혀 있었다. 따라서 여기서는 양성과 근면, 노

력, 질서, 기율과 같은 가치만이 최고의 가치로서 대접받게 된다.

바로 노동에 대한 열렬한 숭배가 시작된 것이다. 시와 격언 혹은 도덕 서적을 통해 바치는 이 신흥종교에 대한 신앙고백들은 다양한 만큼이나 단소롭기도 하다. 박테리아의 발견자인 루이 파스퇴르(Louis Pasteur)는 이렇게 적고 있다. "노동 없이 보내는 하루는 내게 도둑질처럼 느껴진다." 그야말로 청교도적 신조에 따라 시간이 노동을 통해 철저히 활용되어야 한다는 것이다. 이 때문에 잠을 자는 것조차 도덕적 타락이라는 혐의를 받는다. 1863년 파리 대학의 교수 피에르 푸아삭(Pierre Foissac)은 이렇게 선언한다. "잠은 엄청난 시간 낭비를 의미한다. 너무나 짧은 인생의 활동을 실현하는 데 있어 잠은 가장 큰 장애물이다."[35]

물론 도덕가들이 설파하는 성실성을 모든 부르주아들이 액면 그대로 받아들인 것은 아니다. 부르주아의 노동 도덕은 부르주아의 성 도덕만큼 잘 관철된 것이 아니었다. 적어도 일부 부르주아는 노동자 계층에게 통용되고 있는 과잉 노동 시간을 스스로에겐 적용하지 않을 수 있었고, 불굴의 근면이라는 간판 뒤에서도 한가로움의 여유를 누릴 줄 알았다. 폭넓은 인문적 교양을 갖춘 부르주아적 이상은 16시간의 에너지를 집어삼키는 하루 노동과 양립할 수도 없었다. 그래서 이런 고된 하루 노동은 교육을 받지 못한 민중들의 몫으로 남겨졌던 것이다.

노동에 대한 온갖 신앙고백에도 불구하고 육체노동은 좀 더 괜찮은 일자리라 할지라도 하층 신분의 몫이었다. 시민의 노동은 땀을 흘리며 일하는 프롤레타리아트와 결코 함께 일할 수 없는 그런 사무직 노동이었다. 19세기 계급사회가 취했던 이러한 태도는 오늘날 노동자와 사무직 노동자의 차별화에 여전히 기본 바탕을 이루고 있다.

신분이 높은 여성의 경우 어떤 종류의 생계노동도 천시하였다. 반면에 도덕적 타락에 항상 노출되어 있는 신분이 낮은 계층의 여성들의 경우 노동 도덕을 준수해야만 했다.

그러나 시민출신의 여성들이 가졌던 일에 대한 충동은 남성들의 일 충동을 따라잡을 정도는 아닌 듯하다. 그들의 노동은 대개 가정 안에서 이루어진다. 이 모습은 위에서 인용했던 쉴러의 「종소리에 대한 노래」를 좀더 읽어보면 확인할 수 있다.

정숙한 가정주부들은 집안살림을 돌보며
쉬지 않고 부지런히 손을 놀리고 있네.

이 시기에 노동은 사회를 인도하는 별이고, 가치 자체를 의미한다. 노동은 성장을 목표로 하는 경제뿐만 아니라 모든 개인에게도 유용했다. 심지어 그것은 돈주머니를 위해서 뿐만 아니라 바로 영혼을 위해서도 가장 소중한 것이 되었다. 노동은 이웃 사람들로부터 좋은 평판을 얻게 하는 동시에 신의 이름으로도 좋은 인사를 듣게 한다. 노동은 시민사회에서 예법과 질서를 보장하며, 동시에 변혁을 꿈꾸는 혁명가들의 경우 밟고 나아가야 할 고상한 과정이기도 하다. 그래서 노동은 절대적 기준이며 만병통치약이 되었다.

마지막 그리스인들 : 연금생활자와 신분 높은 **양반들**

전통적 세습 귀족 출신의 극소수만이 세간에 일반적으로 유행하는 사업활동에 감염되지 않고 옛 향수에 사로잡힌 채 계속 살았다. 이른바 고급관료와 장교 출신의 신분 높은 이 양반들은 ― 이미 그 직함에서 알 수 있듯 ― 돈을 위해서가 아니라 명예를 위해서 일하는 것에 가치를 부여했다. 그들은 일을 느긋한 자세로 했다. 대개 그들은 자신들의 이해를 쫓아 일하지는 않는다. 그들은 자신들이 하는 일을 봉사로 이해하며, 그 대가로 영주들로부터 신분에 어울리는 충분한 사례를 받았다.

그리고 연금생활자의 경우, ㄱ 묘비에 적힌 직함을 통해 20세기에서도 확인할 수 있는 것은 그가 돈을 위해 일할 필

요가 없었다는 점이다. 그는 무위도식을 만끽하거나, 흔히
학자들이나 예술가들에게서 볼 수 있듯이, 자신의 개인적 관
심거리에 몰두할 수 있었던 것이다. 그러나 산업화의 확산
및 신흥 사업부르주아의 부상과 더불어 연금생활자의 생활
모델은 점차 퇴조하게 된다. 군주정체의 종말은 결국 연금생
활자에게 치명타가 되었다. 노동과 생활에 대한 고대적 입장
을 취했던 마지막 그리스 주자들 가운데 하나가 역사의 무대
에서 사라지게 된 셈이다.

직업이 없는 **문학** 속의 **주인공들**

만일 우리가 당시의 문학에 시선을 돌리면, 덕성을 갖춘 사
업이라는 부르주아적 간판 뒤에는 양면적 성격이 도사리고
있다는 사실을 예감할 수 있다. 대개 직업활동과 관련된 주
제가 묘사되고 있는 소설들 속에서 — 토마스 만이 『마의 산』
에서 주인공 한스 카스토르프에 대해 묘사할 때 공식화했던
것처럼 — 본래 노동을 원하지 않는 압도적 다수의 주인공들
을 우리는 만날 수 있다.

괴테의 주인공들 — 예컨대 사회적으로 아웃사이더로 머
물고 있는 베르테르 — 도, 그리고 도스토예프스키, 프루스
트, 폰타네(Fontane), 무질(Musil)의 주인공들도, 몇몇 예외

적인 경우를 제외하고는, 생업활동을 하지 않는다. 이런 유형의 소설들은 그 시적 내용을 바로 산문적인 노동생활에 대한 대립물로서 끌어내는 듯하다. 이는 근면과 노동이라는 가치에 대한 사회적 여론을 공박하는 것으로 보이며, 노동의 저편에 참된 삶이 형성된다는 점에 대한 작가와 독자들 사이에 암묵적 합의를 보고 있는 듯한 인상을 불러일으킨다.

주인공이 노동의 세계에 발을 들여놓게 되면, 그 순간부터 그의 전기는 이야기를 구성하고 있는 소재에서 다양한 발전 가능성, 사건의 밀도와 깊이, 한마디로 말해 시적 차원을 더 이상 끌어낼 수 없는 것처럼 보인다. 트루먼 카포티(Truman Capote)가 『티파니에서의 아침식사』(*Breakfast at Tiffany's*)라는 소설에서 주인공이 꿈같은 사랑을 하면서 보낸 며칠간의 방랑생활을 곧 그만두어야 한다는 사실을 주인공의 입을 통해 암시하는 대목은 소설의 다른 인물들에게도 해당하는 사항이다.

"…월말에 직장을 구했어. 할 얘기가 뭐 더 있겠니?" [36]

폴 라파르그와 게으름의 권리

당대 노동숭배에 대하여 가장 혹독하게 비판한 사람은 다른 누구도 아닌 바로 칼 맑스의 사위인 폴 라파르그(Paul

Lafargue)였다. 1880년에 출간된 『게으름의 권리』[37]는 부르
주아계급에게만 하나의 도발이었던 것이 아니라, 1848년 혁
명에서 자유 부르주아와 함께 노동의 권리를 요구했던 노동
운동에 대한 비판이기도 했다.

> 이상한 욕망이 모든 나라의 노동자계급을 사로잡고 있다.
> 이런 나라에서는 자본주의 문명이 판을 치고 있다. 개인이
> 나 대중에게 궁핍을 초래하는 이 욕망은 이미 2세기 전부
> 터 가련한 인류를 괴롭혀 왔다. 이 욕망은 노동에 대한 애
> 정이며, 개개인과 그 후손의 에너지를 송두리째 빨아들이
> 게 될 무서운 노동욕구이다. 성직자들과 경제학자들 그리
> 고 도덕가들은 이런 정신적 혼란과 맞서 싸우기는커녕 오
> 히려 노동을 성스러운 것이라고 설파하고 있는 지경이다.
> 유한한 맹목적인 인간들, 이들은 자신의 신보다 더 현명해
> 지고자 했다. 근엄한 품위를 갖추지 못한 나약한 피조물
> 들, 이들은 신이 저주해 놓은 것을 명예 회복시키려 했다.
> (…) 자본주의 사회에서 노동은 정신을 타락시키고 육체
> 를 병들게 하는 원인이다. (…) 문명화된 우리 유럽에서
> 인간의 본래적 미의 흔적을 찾으려면, 경제적 편견에도 불
> 구하고 노동에 대한 적대감을 아직 완전히 상실하지 않은
> 그런 민족들을 찾아가야 할 것이다.[38]

라파르그의 치유책은 단순하지만 우리 시대의 수많은 시간제 노동자의 노동품성을 선취하고 있는 셈이다.

그러나 프롤레타리아트는 자신의 힘을 의식함으로써 기독교적 · 경제적 · 자유주의적 도덕의 편견을 극복해야 한다. 프롤레타리아트는 자신의 자연적 본성을 회복해야 하고, 부르주아 혁명의 형이상학적 변론가들이 자주 떠들어대는 허약한 인권보다 수천 배 더 고상하고 더 성스러운 게으름의 권리를 선언해야 한다. 어떻게든 하루 3시간 이상 일하지 말아야 한다. 주 · 야 나머지 시간은 한가롭게 다니면서 여유 있게 지낼 수 있어야 한다.[39]

그런데 오늘날까지 라파르그는 역사의 주변 인물로 남아 있다. 그의 저서 『게으름의 권리』는 그가 살아 있었다면 분명 항의했을 풍자의 꼬리표를 달고 서점에서 팔리고 있다. 그 꼬리표에는 "무뢰한, 야유가, 바보, 진지하지 못한 철학자"라는 상표까지 붙어있다.

현실사회주의에서 노동 :
혁명가들로부터 노동영웅들이 만들어진다

적어도 칼 맑스의 심중에는 그의 사위 라파르그의 이러한 관점들이 무게 있게 작용하고 있다는 사실을 『자본론』 제3권의 유명한 한 구절에서 명확히 확인할 수 있다. "사실 자유의 왕국은 필요와 외압에 의해 결정되는 노동행위가 중단되는 바로 그 곳에서 시작된다."[40]

이 점과 관련해서 맑스는 『독일 이데올로기』에서 "문제는 노동으로부터 자유로워지는 게 아니라 노동을 철폐하는 것에 있다."[41] 라고 좀더 명확히 밝히고 있다. 그러나 맑스의 후계자인 레닌의 경우 이 위대한 모범적 견해를 안중에 두지 않고 볼셰비즘을 통해 노동을 숭배하게 만든다. 그는 짜르 체제의 엘리트들이 부리는 게으름을 비난하면서 바로 노동을 열광적으로 칭송했다. 이런 태도는 사도 바울의 말을 변조한 형태로 약간 줄여 "일하지 않는 사람은 누구든 먹지도 못하게 하라!"[42]는 명제를 내세워, 그것을 최초의 소비에트 헌법에 수용하기에까지 이르렀던 것이다.

레닌은 귀족적 게으름의 상징적 인물로서, 1895년에 출간된 이반 곤차로프(Ivan Gontscharov) 소설의 주인공 **오블로모프**(Oblomov)를 지목했다. 오블로모프는 신분이 낮은 귀족 출신의 지주로서 어떤 종류의 노동도 시종일관 회피하는 순진한 몽상가, 게으름뱅이, 향락주의자이다. 그의 경우 사랑에 빠지는 것조차 긴장을 불러일으키는 노동으로 보인다. 레닌은 1899년에서 1922년 사이에 나온 수많은 작품들에서도 **오블로모프 부류들**을 골라 질타하면서 이들과 대조하여 혁명적 노동영웅들의 모범상을 제시하였다.

혁명의 준관료 작가로 승진했던 막심 고르키(Maxim Gorki)는 이미 1904년에 그의 작품 『여름에 찾아온 손님들』에서 부르주아 지식인들이 걸어야 할 유일한 길을 제시한다. 이 작품은 한 농장에서 개별적인 음악과 문학활동에 몰두하고 있는 '여름 손님들'이 도시 혁명에 가담하기 위해 그들의 한가로운 생활을 포기하겠다는 결의를 다지는 모습을 보여준다.

소비에트의 노동숭배는 스탈린 시대에 정점을 이룬다. 군대의 선동 책동에 따라 인민들은 군대식 생산현장에 투입되고, 이를 통해 '사회주의 노동 영웅들'이 만들어졌던 것이다. 이 노동영웅은 1935년, 이른바 1회 작업시간에 자신의 생산기준의 14배를 넘는 것을 생산했다는 알렉세이 스타하노프(Aleksej Stachanov)와 같은 사람이다.

노동 숭배의 측면에서 사회주의와 자본주의는 같은 정신을 가진 형제인 셈이다. **국제** 공산당원들이 "게으름뱅이를 용납하지 않는 이 세계는 우리의 것일 수밖에 없다"는 말을 열심히 노래하는 동안, 미국 자본가 출신인 헨리 포드(Henry Ford)는 자신의 비망록에 이렇게 적고 있다. "문명은 게으름

뱅이에게는 어떤 자리도 내주지 않는다." [43)

국가사회주의와 재건운동 :
노동은 **자유롭게** 한다

근면과 노력은 모든 정치 진영이 당파를 초월해서 내세우
는 주장들이다. 1930년대 국가사회주의(Nationalsozialismus)
는 끔찍한 선거 승리를 앞세워 근면과 노력을 국가사회주의
의 아주 특별한 독일적 덕목으로 정립하려고 한다. 국가사회
주의의 지도자는 이렇게 강변한다. "모든 행동은 의미심장하
며, 비행조차도 그러하기는 마찬가지다. 그러나 모든 수동적
태도는 (…) 이와는 반대로 전혀 의미가 없다." [44)

한 국민이 6년에 걸쳐 전 세계를 불안에 떨게 만들었고, 5
천만의 인명 피해를 낸 전쟁장비를 몇 년 안에 재건하는 데
성공한 것은 바로 다름 아니라 믿을 수 없는 '근면의 업적'
덕분이다. 나치들이 그들의 강제수용소 입구에 내건 〈노동은
자유롭게 한다〉는 간판은 그들의 범죄행위를 은폐하는 데 기
여한 노동의 신격화가 초래한 결과일 뿐이다.

종전 후 유행했던 제로의 시간이란 중단과 반성의 시간이
아니라, 오히려 반대로 근면과 재능이라는 케케묵은 덕목이
다시 출현하는 시간이다. 이 덕목이 이제 재건에 다시 투입

되고 있는 꼴이다. 노동자와 농민의 국가라는 동독에서도 노동은 국가목표로서 요청되었던 것이다.

여성해방운동과
여성노동

독일 역사에서 여성을 노동세계에 전면적으로 수용하기에 이른 것은 동독이 처음이었다. 그리하여 공식 사회주의 용어 사전에서 가정주부라는 명칭은 사라지게 된다. 다소 시간적 격차가 있기는 했지만 서독에서도 직업활동을 하는 여성상이 사회적 이상으로 무르익게 된다.

그러나 서독의 경우 당의 공식 노선에 따라 그렇게 된 것이 아니라 여성 자체의 사회활동에 의해서 그렇게 된 것이다. 여성들이 3K로 불리는 일들, 즉 아이들(Kinder) 돌보는 일, 요리(Küche), 예배(Kirche)와 같은 전통적 역할에서 해방되면서 남성들이 이미 차지하고 있던 노동 현장에 들어서게 된다. 따라서 — 백년 전의 경우에는 '경제적 필요' 라는 표현에 불과했던 — 여성의 생업활동이 이후 1970년대에는 바로 특권을 인정받는 여성해방운동의 상징이 되었던 것이다.

물론 여성해방운동으로부터도 노동에 대한 지나친 탐닉, 특히 남성들의 광적인 노동태도를 비판하는 목소리를 들을 수 있지만, 여성모임에 참석하는 어떤 여성 토론자는 다음과 같은 말로 열광적 갈채를 받기도 한다. "한 남자가 네 아이를 양육하면서 1주일에 70시간을 보내야 한다면, 이는 아마 반사회적인 일이 될 것입니다." 그런데 네 명의 어린 자녀를 둔 41살의 여성이 일주일에 70시간 일하는 여자 주교의 일을 선택하게 되면 평등으로 가는 진보의 걸음을 내딛었다는 환영을 받기도 한다. 호전적 페미니즘의 시조인 게르마인느 그리르(Germaine Greer)는 노동숭배를 극단에까지 몰고 갔다. 『슈피겔』지와 한 인터뷰에서 그녀는 영국의 총리 부처가 구상하고 있는 가족계획에 대해서 다음과 같은 말로 코멘트를 달았다.

"체리 블레어 여사가 다시 임신했다는 말을 들었을 때 몹시 화가 났습니다. 그 이유는 여사의 남편이 중요한 직업을 갖고 있기 때문이 아니라, 그녀 자신이 유명한 노동법 변호사이며, 이제 그 노동력을 더 이상 제공할 수 없기 때문입니다." [45]

다 이루었다 :
노동의 새로운 쾌감

아무튼 노동숭배도 그 가치의 위기를 동반한다. 전쟁에 참여한 세대에게는 노동이 당연한 의무이행으로 보였지만, 그 후 세대는 전혀 다르게 보고 있다. 우선 1968년 이후의 학생운동은 재건기의 업적 및 소비지향적 생활모델에 대하여 완곡한 비판을 가한다. 히피족이 출현하면서 70년대는 업적 위주의 사회에 대한 저항으로서 삶을 즐기는 한가한 생활태도가 형성된다. 이 생활태도는 80년대의 대안운동으로서 지속되었고, 20세기의 90년대에까지 그 힘을 확장한다. 그것은 마치 노동사회의 마지막 시간을 알리는 듯했다. 당시 연방수상 헬무트 콜(Helmut Kohl) 수상조차도 독일을, 이미 '휴가공원'(Freizeitpark)이 될 만큼 타락한 것으로 보았다.

그러나 새 천년이 도래하기 직전, 바로 이 즐기는 젊은 세대인 골프세대[46]가 업적사회를 다시 멋지게 작동시키려 한다. 노동은 자아실현에 이바지하며, 돈뿐만 아니라 즐거움까지도 제공한다는 것이다. 바로 이 신세대에게는 독립과 창업이 직업의 이상이 되었다. 노동에 대한 새로운 쾌감이 신경제의 특성으로서 확산되고 있는 실정이다. 그런 쾌감을 누리고자 하는 사람은 누가 시키지 않아도 주당 35시간을 일하려고 한다. 분명 19세기의 노동자들보다 일을 덜하는 오늘의 이 엘리트들은 좀더 오래 노동을 '해야 하는' 것에 현재적 가치를 부여하고 있다. 19세기의 프롤레타리아트들처럼 온통 시간에 매달리는 것이 오늘날 신분의 상징이 되고 말았다. 그야말로 웬일인지 모를 일이다!

크라이슬러 자동차회사의 사장 위르겐 슈렘프(Jürgen Schrempp) 씨는 부인과 이혼할 즈음에 『빌트-짜이퉁』과의 공개 인터뷰에서 다음과 같이 말한 바 있다.

"나는 일과 결혼생활 중 어느 하나를 택해야 할 기로에 섰습니다. 이런 말을 한 적이 있지요. 즉 새로운 과제에 대한 도전이 나한테는 세상의 그 어떤 것보다 더 의미가 있다고 말입니다." [47]

그리고 당시 BMW의 이사였고, 지금은 영국 노벨 자동차사의 사장인 볼프강 라이츨러(Wolfgang Reizle) 씨는 이미 인간의 품위마저 안중에 두지 않은듯 『슈피겔』지와의 인터뷰에서 자기 자신을 서슴없이 "노동동물" [48]이라고 규정했다.

그리스인으로 돌아가 보자!

이쯤에서 다시 한 번 우리 문화의 초기 시대로 거슬러 올라가, 그리스의 어느 철학자가 오늘 우리의 세계로 시간여행을 하고 있다고 한 번 가정해 보자. 우리가 실감나게 느낄 수 있는 것은 다름 아니라 그가 생계노동 — 그리스 사람들이 가장 경멸했던 활동형식인 — 을 동경하고 있는 사회를 만나게 되면 모든 것이 거꾸로 서 있다는 인상을 받을 것이라는 점이다. 그리고 휴식과 한가로움을 과소평가하고, 그런 것 대신 노동동물로서의 현존재를 추구할 만한 가치가 있는 것으로 간주하는 엘리트들을 만나게 되거나, 필연의 왕국을 이미 넘어서 있지만 자유의 왕국에 기거할 수 없는 문화를 만날 때도 사정은 마찬가지일 것이다. 우리의 철학자는 이 노동의 영웅들에게 들판을 맡기고 얼른 귀향 길에 오르려고 할 것이다.

노동의 이 역사적 개선행렬에는 아무튼 비극적인 아이러니가 그림자처럼 붙어 다닌다. 생계노동이 기술의 발전과 함께 남아돌게 된 시점에서 이 아이러니의 면모는 가장 적나라하게 드러나고 있다. 한나 아렌트(Hannah Arendt)는 이 상황을 이미 1958년에 예리하게 꿰뚫어 보고는 그의 저서 『활동적 삶』(Vita Activa)에서 이렇게 설명한다.

우리가 제대로 추측하지 못한다 해도 이미 알 수 있는 사실은 공장들이 몇 년 지나지 않아 사람들을 텅 비우게 될 것이라는 점, 인류를 직접 자연에 묶고 있는 태고의 사슬, 즉 노동의 짐과 필연의 굴레로부터 인간이 해방될 것이라는 점이다. (…) 좀더 안락한 생활에 대한 요구, 수고와 노동으로부터 해방되어 신들과 동등한 지위를 얻으려 했던 요구는 유구한 역사만큼이나 오래 되었다. 그러나 노동에서 해방된 삶에 대한 요구는 아직도 새로운 국면에 접어들지 못한 상태에 있다. 노동에서 해방된 삶이란 한때 다수를 지배해 온 소수의 가장 안정된 당연한 특권으로 여겨졌었다. 그러한 삶은 기술의 진보를 통해서만 실현될 것 같은 가상을 보였다. 인류의 모든 세대들은 그것을 실현하지 못했지만 한결같이 그 실현의 꿈을 꿔왔다. 그러나 그 가상은 거짓이다. 17세기 근대는 노동을 이론적으로 숭배함으로써 출범하였고, 우리 시대의 시작과 함께 사회를 온통 노동사회로 전환하는 것으로 끝이 났다. 태고적 꿈의 실현, 그러나 그것은 동화적 희망의 실현처럼 행복한 꿈이 저주로 나타나는 상황에 직면했다. 왜냐하면 이곳에는 노동의 사슬로부터 해방되어야 하는 노동사회가 아직도 존재하며, 이 사회는 해방시켜야 할 가치가 있는 좀더 고상하고 의미 있는 활동이 있다는 소리에 대해서는 귀도 기울이지 않고 있기 때문이다. (…) 전망해 본다면, 우리를 기다리고 있는 것은 노동에서 시작되었던 바로 그 노동사회로 통하는 길이다. 이 노동사회가 알고 있는 것은 오로지 활동뿐이다. 이보다 더한 운명이 또 어디 있을까?[49]

6

노동의 종말과
그 광기의 미래

"평소 온갖 이데올로기에 의존하는 어떤 정책도,
모든 사람을 위한 완전고용이란
더 이상 있을 수 없으며, 임금노동이 더 이상
인생의 중점일 수 없을 뿐더러 모든 생활의 가장
중요한 활동도 될 수 없다는 사실을 인식하지 못한다면,
기만일 뿐이다."

앙드레 고르즈(André Gorz)

"목표가 시야에서 사라질 때,
사람들의 긴장은 배로 늘어나는 법이다."

격언

　　노동이 출발했던 지점은 노동사회였다. 한나 아렌트가 불길하게 예견했던 것이 오늘 우리 눈앞에 구체적 형태로 나타나고 있다. 2000년 11월, 독일에서는 365만 명이 실직했다. 약 30년 전부터 경기 사이클이 계속 상승하여, 성장곡선이 일시적으로 정점에 도달했던 3년 전의 경우에도 이미 등록된 실직자의 수는 500만에 육박해 있었다. 경제가 비록 호황을 누렸지만 이 시기 노동시장의 긴장이 너무 팽팽하여 통풍이

147

좀더 잘 되는 곳에서 호흡을 가다듬을 수 있었던 때는 잠시였을 뿐이다.

현실은 숫자가 보여주는 것보다 훨씬 더 삭막해 보인다. 왜냐하면 공식적으로 등록된 실직자 외에도 이른바 드러나지 않은 실직자의 수가 약 150만에 이르렀기 때문이다. 이 통계에는 〈장애자를 위한 취업홍보알선 노동단체(ABM): Die Arbeitsgemeinschaft Behinderung und Medien〉나 사회재교육(Umschulung)과 같은 노동시장정책 내지는 노인복지정책에 잡혀 있는 사람들은 포함되지 않는다. 물론 이 통계자료에는 이른바 말 없는 예비 노동자들 역시 빠져 있었다. 이들은 실직 상태에 있지만, 실직자로 등록되지 않은 노동자들이다. 평가방식에 따라 다르겠지만, 예비 노동자들의 수는 대략 150만 정도에 이른다.[1] 따라서 뉘른베르크(Nürnberg) 시에서 발표한 통계 수치는 절반만 맞는 사실일 뿐이다. 실제로 실직한 사람의 수는 통계보다 두 배나 많은 셈이다.

노동사회는 일자리를 잃게 만든다

그렇다면 임금노동의 자리가 이렇게 부족한 것은 이제 누구의 책임인가? 기업가인가? 노동조합인가? 통계청인가?

우리가 좀더 면밀히 따진다 해도 불확실한 답을 얻게 되기는 마찬가지일 것이다. 그러나 일자리를 집어삼키는 그 첫 번째 주범은 다름 아니라 인간의 발명정신이다. 이 덕분에 노동행위가 점점 더 기계에 맡겨지고 있다. 처음에는 곡식을 베고 딜곡하는 일처럼 간단한 노동이 기계에 의존하는가 싶더니만, 좀더 복잡한 기계의 노동활동이 마침내 사고의 과정에까지 침투하는 지경에 이르고 있다. 끊임없는 혁신의 결과로서, 재화를 산출하는 데 필요한 노동시간이 점점 더 줄어들고 있다.

1965년경만 해도 백만의 수요 시장에 제공할 상품을 생산하는 일에는 21명 이상의 노동인력이 필요했지만, 지금은 10명 정도면 충분하다.[2] 지난 120년 동안 독일의 노동생산성은 17배 증가했다.[3] 다시 말하면, 특정한 생활수준을 유지하는 데 필요한 노동비용이 7년 단위마다 평균 한배로 줄어든 셈이다.

그러나 생산성의 진보로 인간 노동의 수요가 줄어들고 있는 현상은 사태의 한 측면에 불과할 뿐이다. 왜냐하면 또 다른 측면에서, 경제성장은 상품에 대하여 증가하고 있는 수요를 충족시키기 위해 더 많은 노동투자가 필요하기 때문이다. 생산성의 증대로 인한 일자리의 감소와 경제성장을 위한 새로운 일자리의 창출은 마치 저울에서처럼 서로 대립을 이루고 있는 것이다. 수많은 필요노동은 생산성의 저울판이 성장의 저울판보다 더 무거울 때 줄어들게 된다. 이는 수십 년 전부터 그래왔고, 산업화가 절정에 도달한 이후에도 그랬다. 전체적으로 볼 때, 노동에 대한 수요가 점점 더 줄어들고 있다. 노동의 수요가 감소하고 있다는 것은 우리의 경제 시스템이 생산성에서 성공했다는 것을 의미한다. 이 시스템의 내적 논리는 기술발전을 이루면서 최소의 노동으로 최대의 생산물을 생산하는 일에 발전된 기술을 이용하는 데 있다.

생계노동은 부차적인 일이 된다

적어도 20세기의 70년대까지만 해도 감소하는 노동량은 — 공황시기를 일단 제외한다면 — 대량 실직의 형태로 나타나지는 않았다. 왜 그렇게 되지 않았을까? 그 이유는 초기 산업화 시대 이후로 평균 노동시간이 지속적으로 단축되어 왔기 때문이다. 1850년경의 산업노동자는 일반적으로 주당 80시간을 공장에서 보냈던 반면에, 오늘날은 주당 평균 36시간만 일하고 있다. 19세기 중엽에는 1년 노동시간이 대체로 4,000시간 정도였다. 오늘날은 공장에서 연간 1,500시간만 일한다. 150년이 지나는 동안 1년 노동시간이 거의 1/3 정도 줄어든 셈이다.[4] 노동시간만 줄어든 것은 물론 아니다. 연금생활자의 나이가 좀더 앞당겨지면서 노동활동 기간도 그만큼 단축

되었던 것이다. 현재 유럽연합(EU)권에서는 55세 가운데 50% 이상이 이미 연금생활을 하고 있다.[5]

한편으로는 평생 노동시간이 단축되었지만, 다른 한편으로는 인생에 대한 기대감이 엄청나게 증폭되었다. 결과적으로 말한다면, 19세기 중엽의 한 노동자가 생계활동을 위해 평생 활동시기의 약 70%를 사용했다면,[6] 오늘날의 노동자는 자기 평생의 1/5도 못되는 시간만 노동에 투자하는 셈이다. 아마 현재 15세 되는 아이들은 자신의 생활에서 노동을 하면서 보내는 시간보다 텔레비전을 보면서 보내는 시간이 더 많아 질 것이다.[7]

이쯤에서 우리가 한 번 장난기를 발동시켜 가정해 본다면, 노동시간이 이런 식으로 단축되지 않았다면 어떤 일이 발생했을까 하고 물어볼 수 있을 것이다. 아마 노동청은 예산 가운데 매달 60% 혹은 그 이상을 실직자금으로 투자해야 했을 것이다. 이런 마당에 노동시간을 연장해야만 한다는 경영진의 볼멘 소리를 계속 들을 때는 더욱 어이가 없어진다!!

서비스혁명의 동화

100년 전만 해도 독일 인구의 90% 이상이 농업에 종사했지만, 지금은 3%에도 못 미친다. 이제 공업에서도 이와 유사

151

한 발전이 진행되고 있다. 매킨지(Mckinsey) 경영상담협회 독일 지사장인 헤르베르트 헨슬러(Herbert Hensler) 씨는 "앞으로 공업도 농업의 전철을 밟게 될 것이다."[8]라고 간명하게 경고한다. 뤼셀스하임(Rüsselsheim)에 오펠(Opel) 자동차의 새 부품조립공장이 설립된 후 한 사람 당 제품완성의 생산성은 당시의 공장보다 약 80% 증가했다.[9]

1995년 미하엘 고르바초프(Michael Gorbatschow)의 발의로 〈노동의 미래〉라는 주제로 열린 국제회의에 참석한 사람들, 특히 그 중에 조지 부시(George Bush)와 마가렛 대처(Margaret Thatcher), CNN 방송국 사장 테드 터너(Ted Turner)와 데이빗 펙커드(David Packard) 등이 기본적으로 생각을 같이 한 점이 있다. 그것은 21세기에는 세계경제를 도약시키는 데 있어 노동가용 인구의 20%면 충분하다는 것이었다. "더 이상의 노동력은 필요 없게 될 것이다."[10]

그렇다면 정치가들이 미래의 '직업-엘도라도'라고 떠들어대고 있는 서비스 부문에서 직업을 구할 수 있는 희망이란 전혀 없단 말인가?

우리는 아무 것도 단정지을 수 없다. 은행, 보험회사, 우체국, 철도, 전신전화국은 일자리가 감소될 때에도 적어도 산업과 마찬가지로 성공을 거두고 있다. 미국의 현금서비스 은행은 컴퓨터 음성메일 시스템을 도입하여 매일 150만 고객의 상담 전화에 자동응답할 수 있게 함으로써 직원을 40%

줄일 수 있을 만큼의 경비를 절감할 수 있게 되었다.[11] 홈-뱅킹(Home-Banking)의 보급으로 사무실과 창구 직원의 상당수가 남아돌게 된 것이다.

인터넷혁명도 새로운 일자리를 마련해 주는 것이 아니라 오히려 합리화라는 이름으로 구조조정을 더욱 가속화시킬 뿐이다. 바로 이런 이유 때문에 결국 기업들은 미래의 전자산업에 촉각을 세우고 투자하려고 한다. 이메일(e-mail)을 다루는 사람은 서기를 둘 필요가 없다.

인터넷의 확장보급으로 수백만의 사무직 일자리가 남아돌고 있는 실정이다. 아직도 여행사에 직접 가서 자기 차례가 올 때까지 작은 의자에 앉아 한참 기다리는 사람이 누가 있는가?

지금은 식구들과 함께 느긋하게 집에서 영상매체를 통해 여행 목적지에 대한 안내를 받을 수 있고, 이로써 많은 정보를 얻을 수 있게 되었다. 그리고 가격을 비교하면서 안방에서도 즉시 예약할 수 있다. 1999년 독일의 온라인 예약회사는 이미 1억 6천 5백만 마르크를 거래하였으며, 이런 추세라면 2003년경에는 인터넷으로 12억 마르크가 거래될 것이라고 한다.[12] 서비스혁명이 일어나고 있지만, 무엇보다 **일자리의 감소도 그만큼 혁명적이다.**

파라다이스의 역설 :
풍요 속의 **빈곤**

우리는 파라다이스를 맴돌고 있는 듯하다. 노동사회는 그 길이 너무 협소해서 구성원들에게 점점 더 노동을 제공할 수 없는 지경이 되어 가고 있다. 그런데 다른 한편에서 보면 노동은 항상 사회적 부의 분배를 위한 **수단**이 된다. 그럼에도 불구하고 상황이 현재처럼 계속 된다면, 장차 일자리를 얻을 수 있는 가능성을 더 이상 가질 수 없는 사람들은 어떻게 될까?

1973년에 노벨상을 수상한 미국의 경제학자 워실리 레온티프(Wassily Leontief) 박사는 이 딜레마를 '파라다이스의 역설'이라고 규정한다.

"근본적으로 볼 때, 지난 200년 동안 이루어 온 기술진보의 역사는 느리지만 확신을 갖고 파라다이스의 길을 찾아 나선 그런 인종의 역사이다. 이 길 찾기의 역사가 만일 성공한다면 무슨 일이 일어날까? 모든 재화와 서비스를 마음껏 누릴 수 있게 된다면, 그래서 더 이상 노동을 할 필요가 없게 된다면, 아무도 생계노동을 할 수 없게 될 것이다. 이제 실직상태에 있다는 것은 임금을 받을 수 없다는 것을 의미한다. 새로운 기술의 상황에 대하여 새로운 소득분배의 정책으로써 대응하지 않는다면 인간은 파라다이스에서도 굶어 죽게 될 것

이다." 13)

이런 의미에서 노동이 사회로 나가는 통로라고 한다면, 파라다이스로 가는 길은 지옥에 이르는 통로가 되는 셈이다. 점점 더 많은 부를 산출하는 바로 이 과정은 동시에 인간을 더욱 더 궁핍하게 만드는 과정인 셋이기도 하다. 이런 지평에서는 사회가 섬뜩한 유령의 모습으로 나타난다. 이 사회는 소수의 엘리트를 위한 사회와 물질에서뿐만 아니라 정신적으로도 궁핍에 처해 있는 나머지 다수의 사회로 구분되어진다. 우리의 신분과 우리의 자존심이 더욱 심각한 형태로 노동에 좌우된다면, 우리 인간들에게서 생계노동이라는 것이 사라지게 된다면 어떤 일이 일어나겠는가? 산업문화의 출범 때부터 우리 몸에 달고 다녔던 "노동, 소득, 처세술의 단순한 결합체" 14)를 분해한다면 어떻게 될까? 무엇보다 인간으로서의 우리의 가치를 우리가 우선시하고 있는 경제과정이라는 사용가치와 더욱 멀리 떼어놓게 된다면 무슨 일이 일어날까?

박탈과정에 대한 두려움

우리의 사회적 의식은 이러한 물음들을 아직 제기해 본 적이 없있다. 세계기 근본적으로 변했음에도 불구하고 압도적인 다수의 시민들과 정치가들은 우리 시대의 실직상황을 항

155

상 일시적 현상, 즉 단기적 위기현상으로만 이해하려고 한
다. 그렇지만 물질적 번영이 매년 새로운 기록을 내는 그런
시대에도 아무튼 '위기'라는 것이 항존하는 것이 아닌가 하
고 반문할 수 있을 것이다.

사람들은 경제과정에 대한 우리의 공동 참여가 더욱 더 불
필요하게 되어가고 있다는 사실을 깨닫지 못하고, 노동하지
않아도 될 미래의 생활을 설계하면서 지금까지 해왔던 식으
로 계속 일만 해나가려고 한다. 어떤 직업을 갖고 있는 사람
은 스스로 행복하다고 느끼며, 그래서 엘리트 반열에 들고자
하는 사람은 즐거운 인생을 포기하고 온통 일에만 매달리게
된다.

일자리가 줄어들고 있는 것을 일에 덜 매몰될 수 있는 장래
의 기회로 여기면서, 이를 활용하려 들지 않고 파국으로만
이해한다. 그래서 이 파국을 막아내려고 가능한 모든 수단을
동원하려고 한다. 일이 있든 없든 모두에게 공정한 공동체로
작동할 수 있는 그런 사회를 마련하려고 하는 대신, 사라지
고 있는 일자리를 어떻게든 붙잡으려고만 한다.

우리는 해묵은 관행을 버리지 못하고 마치 마약 보급책처
럼 이 불안정한 노동사회를 살려내기 위해 온갖 종류의 약들
을 보급하려고 안간힘을 쓰고 있다. 노동사회의 수명이 얼마
남지 않았다는 사실을 잘 예감하고 있지만, 안락사 하도록
내버려두지 않고 비용이 얼마가 들든 그 생명을 연장시키려

156

하고 있다.

노동사회를 위한
생명연장의 조치들

고대 로마에서 빵과 놀이에 대한 약속이 선거를 승리로 이끌게 했듯이, 오늘날 모든 선거 투쟁가들이 입버릇처럼 하는 약속이 빵과 노동에 대한 보장이다. 1998년 연방의회선거전에서 독일사회민주당(SPD)은 플래카드를 이렇게 내걸었다. '독일에는 멋진 자리들이 많다. 우리에게 가장 멋진 자리는 일자리다'. 그리고 당시 연방 수상직에 갓 당선된 게르하르트 슈뢰더(Gerhard Schröder) 수상은 여당집권 출범식에서 다음과 같이 강조한다.

"언제든지 우리를 평가할 때 (…) 그 기준은 우리가 실직문제의 해결을 위해 얼마나 투쟁하였는가가 될 것입니다."

그의 선임자인 헬무트 콜 전 수상도 총선 직전에 실직을 절반 이상 줄일 전망을 제시하기도 했다.

이런 종류의 의사표현에도 불구하고 지난 30년에 걸쳐 실직자의 수는 꾸준히 증가했다. 그래서 그들이 떠들어대는 소리는 마치 슈퍼마켓의 딘조로운 배경음악처럼 들리고, 사람들은 그들의 주장을 더 이상 사실로 받아들이지도 않고 믿으려 하지도 않는다. 그들의 주장이 의례의식 때 악귀를 쫓으려고 중얼대는 소리처럼 들리게 된 것이 벌써 오래 되었다.

이 의례의식은 슈뢰더 내각이 출범한 이후 '노동동맹'이라는 명분으로 가진 여러 연대회의들에서 내뱉는 담화들로 정점을 이룬다. 이 담화들은 해묵은 전통으로서 마치 뭔가를 하고 있는 듯한 인상을 불러일으킨다.

이런 담화에도 정부가 성공을 거두지 못하면 못할수록 유권자들에게 또 다른 방식으로 정부의 실천력과 의지를 더욱 확고하게 입증해 보이려고 한다. 즉 실직에 대한 투쟁이 실직자들에 대한 투쟁으로 기능 전환하게 되는 것이다. 규제를 강화함으로써 실직자에 대한 압력을 강화하게 된다. 직업활동이나 기계가동시간을 새롭게 규정하거나 "노동욕구를 촉발시킨다."

그러나 그 저의를 확인해 보면 그것은 바로 임금삭감이다. 누군가가 못이 박힌 나무상자와 같은 '사회적 그늘'에서 벗어나서 또 다른 사람이 잃게 될 그런 일자리를 하나 얻는다고 해서 실제로 일자리가 하나 마련된 것은 물론 아니다. 이런 식의 일자리는 회전문의 효력을 발휘할 뿐이다. 통계청에 도움이 되는 것이 개별 실직자에게도 이득이 되는 것은 아니다. 속임수에 신경이 마비되어 가정주부 신분으로 돌아가고 싶어하는 모든 여성들은 더 이상 실직자가 아닌 모습을 하게 된다. 고향으로 돌아가려는 외국인 노동자들의 경우도 이와 마찬가지다. 실직자는 장기 질병상태나 연금생활로 도피하려고 한다.

현실 노동시장정책 :
멋진 숫자 놀이

일자리 창출이 문제라면 경비는 아무리 많이 들어도 문제가 되지 않는 것처럼 보인다. 일자리 창출의 여러 조치들과 재교육 및 자격증 프로그램들을 통해 국가적 차원에서 지원하는 광범위한 제2의 노동시장정책이 마련되었다. 이 노동시장정책은 의도대로 잘 되지 않을 때도 자주 있었지만, 아무튼 기회를 잃어버린 사람들에게 일자리를 얻을 수 있는 시혜를 베풀겠다고 약속하고 있다. 제공된 일자리를 거절하는 사람은 실직 수당이나 사회보조금을 받을 수 있는 기간을 단축하거나 명단에서 삭제하겠다는 협박을 받기도 한다. 당근과 채찍을 동원한 이 방식 덕분에 1999년 단 한해 동안 150만명이 이른바 정부의 혜택을 입게 되었던 것이다.

물론 이 경우에도 각별한 관심이 집중된 대상은 젊은이들이었다. 슈뢰더 정부는 내각을 편성한 직후에 '청년들에게 10만 개의 일자리를 만든다!' 는 슬로건을 내걸고 청년실업자 수를 줄이기 위한 즉각적 프로그램을 발표했다.

이 프로그램은 역동적 도약이라는 명칭을 달고 있었다. 이 프로그램에 따라 1999년 한해 수습사원을 늘이는 데 20억 마르크가 투입되었다. 이 자금은 기업과 민영 프로젝트 및 기업의 임금지출보조금으로 재정지원 되었다. 독일 수공업 중앙협회는 이 프로그램이 도입됨으로써 10만개 이상의 보조 수습자리가 창출되는 효과를 거두었다고 평가한다. 이 계산법에 따르면 거리를 방황하는 청년 실업자 한 명을 구제하는 데 연간 20만 마르크가 든 셈이다. 가히 놀랄 일이다. 이 프로그램은 '큰 성과를 거두었기 때문에' 2000년에도 그대로 실행되었다.

1999년 한해 동안 이른바 현실 노동시장정책의 전 부문에 투입된 공적 자금은 440억 마르크였다. 시행 직후부터 투입된 총비용을 계산하면 약 4,000억 마르크에 이른다. 그런데 조금만 더 예의주시해서 보면, 이 어마어마한 자금은 한 가지 목적에 기여하고 있는데, 그것은 바로 통계 수치에서 실직자 수를 줄이는 것뿐이다. 말하자면 멋진 숫자놀음이 기능을 발휘하고 있는 것이다. 그러나 실직자 수의 월 통계표를 본다면 이 '조치'로 실제로 혜택을 입은 실직자들이 있었다고 누가 생각하겠는가?

국고보조금 - 일자리 하나를 만드는 데 비용이 얼마나 들까?

아직 설명할 부분이 더 있다. 이 나라에서는 연간 국고보조금으로 할당되는 약 1,200억 마르크 가운데 상당 부분이 '고용안정' 비용으로 책정된다. 현재 독일에서 탄광 하나를 개발하는 데 연간 12만 마르크의 국고보조금이 지원되고 있다. 전 경제분야가 노동이라는 이름으로 그럴싸한 일을 수행하고 있는 것처럼 보인다.

헬무트 콜 수상의 제안으로 1995년에 동독 슈코파우(Schkopau)와 로이나(Leuna)에 있는 화학산업을 살리는 구제법안이 획기적 차원에서 마련되었다. 당시 연방정부는 슈코파우 부나(Buna) 공단에 밀집되어 있는 2,300개의 일자리를 담보로 하여 1999년까지 대략 80억 마르크의 국고보조금을 쏟아 부었다. 말하자면 단지 4년간의 안정된 일자리를 보존하기 위해 각 일자리에 3백 50만 마르크를 투입한 꼴이다. [15] 프랑스와 비교하면, 로이나 공단에 투입한 비용이 다소 비싸게 치러진 셈이다. 프랑스의 11개 기업연합은 2,500개의 각 일자리를 살리는 데 있어 직접적 국고보조금과 민영보조금으로 겨우 2백만 마르크를 받았을 뿐이다. [16]

라우지츠(Lausıtz) 시빙의 1번 공단구역을 건설하면서 일터 하나를 마련하는 데 1백만 마르크가 투입되고 있다. [17]

방위산업에서도 노동시장정책을 둘러싸고 군인들 사이에 논쟁이 붙고 있다. 동독의 블록이 붕괴됨으로써 연방방위에 적군이 사라지게 되었기 때문이다. 그러나 바이에른주는 90대의 전투기를 보강했다. 전투기 제조산업은 만개 이상의 일자리를 보장한다는 것이다. 고용창출비용은 300억 마르크가 든다. 이 비용이면 3만명의 사람이 백만장자가 될 수 있는 액수이다.

글로벌 시대의 자본 재편성

국제적으로 활동하는 기업들은 글로벌 시대의 징후를 이미 오래 전에 예감했다. 이 기업들은 일자리의 제공에 필요한 대응조치들을 더욱 노골적으로 요구하고 있다. 즉 그것은 인프라의 구축과 모든 종류의 조세면제 조처 등이다.

영국의 토니 블레어 총리가 로버(Rover) 자동차 상사의 부분 매각에서 살아 남았던 중부지역 로버 사의 5만 개 일자리에 투입하려 했던 5억 마르크를 회수할 수밖에 없었던 것도 독일의 BMW사가 헝가리로부터 순이익을 올리고 있었기 때문이었다.[18] 정부와 주주들의 기업 간섭이 여러 회사에서 증가하고 있는 추세다. 그러나 그 덕분에 폴크스바겐은 드레스덴에 있는 '자동차 유리공장'의 자금을 현금으로 조달할 수 있었고, 크라이슬러는 주주들로부터 재정지원을 받아 브란덴부르그의 시티반(Cityvan) 공장에, 그리고 오펠(Opel)/지엠(GM)은 카이저스라우테른의 자동차회사에 자금을 충당할 수 있었다. 물론 이 자리에서는 기업경영의 긴급조치에 대해 말할 수가 없다.

다만 BMW나 크라이슬러, 그리고 폴크스바겐이 엄청난 수익을 올린 것은 사실이다. 그러나 정부는 세금을 주주들에게 암묵적으로 떠넘기는 일 외에는 다른 선택권이 없을까?

일자리의 창출과 고용안정에 투입된 총액은 그저 어림잡을 수밖에 없지만, 대충 계산해도 연간 1천억은 넘어 보인다. 지출된 비용으로 보면 사람들이 어디선가 어떤 식으로든 일하고 있는 것 같다. 그러나 경제학적으로 보면 그것은 "가상임금(Scheinlohn)에 대한 가상고용(Scheinbesch ftigung)"[19]에 불과하다. 노동에 덜 매몰된 사회라면 그만한 액수를 좀더 현명하고 좀더 즐거운 일에 투입하려고 했을 것이다.

노동의 미래 :
노동봉사는 모든 사람이 해야 할
의무가 아닌가?

일자리를 만들어 내는 것이 고정관념이 되어버렸다. 실직자 문제를 해결하려는 모색이 아주 이상한 방식으로 표출되고 있다. 『성장의 한계』(*Grenzen des Wachstum*)를 책으로 펴낸 후 권위를 획득하게 된 〈로마 클럽〉(Club of Rome)이라는 단체는 그러한 모색의 한 해결책을 제시하고 있는 것처럼 보인다. 『우리가 일하게 될 방식』(*Wie wir arbeiten werden*)[20]이라는 책에서 저자들은 〈로마 클럽〉의 명함을 내세우면서 18세에서 78세까지의 모든 사람이 "적어도 주당 20시간 정도 일할 수 있게" 하고, "최소 생활이 보장되는" 노임을 지불하는 국가적 차원의 강력한 고용창출 조치를 취해야 한다고 건의한다.

그러나 마치 시혜를 받는 듯한 이러한 노동의 권리가 현실화될 때는 모든 이가 수행해야 할 노동의무로 이내 탈바꿈하고 만다. "활동하지 않는 사람들에게는 더 이상 어떤 지불도 없게 될 것이고, 지원은 활동하는 사람에게만 적용될 것이다." 모든 사회보조정책은 철폐되어야 마땅하다고 한다. 왜냐하면 "현재 실직자수당 및 사회보조금으로 쓰이는 총 경비는 장래 고용창출 프로그램의 기본자금이 될 것이기" 때문이라는 것이다. 제공된 일거리의 성격에 대해서는 이렇게 간명하게 표현한다. "많은 경우 일이 개인의 마음에 들지 않을 수도 있다는 점을 받아들여야 한다."

모호한 표현들 때문에 저자들이 실제로 의도하는 바가 무엇인지 항상 간파할 수 있는 것은 아니지만, 이 저작이 무엇을 의도하고 있는지는 짐작할 수 있다. 즉 그것은 사회적 보호 장치를 걷어내고 그 대신 지금까지의 모든 실직자들과 사회보조금 수혜자들 및 연금생활자들(78세까지 포함해서!)에게 강제노역을 도입하는 것이다. 이런 처방책으로 〈로마 클럽〉의 이념들이 저명한 변호사들에게 먹혀 들어간 것은 그저 의아스러울 뿐이다.

한때 녹색당의 사상적 지도자였던 후베르트 클라인에르트(Hubert Kleinert)는 『슈피겔』지와의 좌담에서 이렇게 기대한다. "연구를 철저히 하게 되면 〈로마 클럽〉의 환경정책에 대한 연구가 성공했을 때 거둔 것과 유사한 영향력을 여론에 반영할 수 있을 것입니다."

그리고 저명한 작가이자 독일사회민주당의 정치가인 에른스트-울리히 폰 바이츠젝커(Ernst-Ulrich von Weizsäcker)는 『우리가 일하게 될 방식』의 독일어판 서문에 글을 기고하면서 "〈로마 클럽〉과 세계여론에 그런 비전을 제시한" 저자들에게 진심으로 감사한다고 적었다.

노동의 미래 :
    그것은 **노역사회**가 아니겠는가?

일자리를 만든다는 이 단순한 처방책들은 보수 및 자유 진영에서 내놓는 것들이다. 값싼 노동력은 그 임금도 지극히 낮을 수밖에 없으며, 부자들이 개인 서비스를 받을 수 있는 것은 당연하다는 것이다. 이 개인 서비스란 부자들의 아이들이나 보조원을 필요로 하는 그 친척들을 돌보는 일, 그들의 집안을 청소해 주는 일, 정원을 관리하는 일 등이다.

그들이 제시하는 안의 핵심은 지금까지 사람들이 무료 봉사했던 그런 활동을 이제는 시장에서 팔아야 한다는 것이다. 예컨대 오래 전에 쿠르트 비덴코프(Kurt Biedenkopf) 의원의 비서직을 맡기도 했고, 바이에른과 작센 지방의 〈미래문제연구위원회〉의 의장이기도 한 마인하르트 미겔(Meinhard Miegel) 교수는 전통적 가족구성의 해체를 서비스사회를 여는 기회로 간주하면서, 이 해체에서 "사람들에게 주민들의 오물을 치우게 할 때 발생할 수 있는 정신적 문제들"[21]을 당장 해소할 수 있는 단순 서비스의 르네상스를 예견하기도 했다.

잠재된 이런 값싼 일자리는 사실 수없이 많다. 독일에는 얼마나 많은 승강기가 있는가? 그 가운데 한 명의 엘리베이터 보이가 관리하는 수는 얼마나 되는가? 거리에 신고 다니는 구두를 직접 닦아 신는 사람들이 몇이나 되는가? 카운터 앞에서 땀을 흘리면서 손수 포장지로 싸서 물건을 승용차로 옮기는 사람들이 얼마나 되는가? 얼마나 많은 사람들이 아직도 직접 요리를 해서 식사하는가? 집안에 가정부용 작은 방을 두고 있는 유복한 가족은 얼마나 되는가? 우리는 그 많은 직종들을 하나하나 다 손꼽을 필요가 없을 것이다. 만인을 위한 일자리의 꿈은 아직 다 꾸지 못한 상태다.

정규직에서 배제된 사람들을 위한, 아직 발굴되지 않은 보화와 같은 많은 일자리들이 값싼 서비스 부문에서 여전히 낮잠을 자고 있다. 그런데 값싼 부문도 붐을 일으키며 잘 팔리고 있는 것은 노동시장이 비정규직을 더욱 양산하고 있기 때문이다. 말하자면 시장의 권력이 칼날을 마음껏 휘두르고 있는 꼴이다. 이 칼날에 맡길 경우 노임법이나 해고 보호법과 같은 국가적 영향권은 후퇴할 수밖에 없고, 사회적 표준생계비와 같은 규범들은 그 의미가 약화되거나 폐지될 수밖에 없다. 왜냐하면 지금까지 사회복지사업은 사실 최저생계비를 인정해 왔는데, 이러한 인정은 고용에 걸림돌이 되기 때문이다.

흥미로운 것은 비정규직의 양산화가 이미 오래 전부터 기능작동하고 있다는 점이다. 마가렛 대처가 20년 전에 이런 방식을 동원하여 영국에서 수많은 일자리를 만들어냈던 것이다. 그리하여 1979년과 1984년 사이에 영국의 실직자 수는 절반으로 감소했다. 미국의 경우도 마찬가지였다. 70년대 이후 이들 나라에서는 매달 30만 개의 새로운 일자리가 창출되었다. 반면에 우리는 같은 시공간 대에서 통틀어 기껏 2백만 개의 새로운 일자리를 만들었을 뿐이었다. 그러니 독일의 정치가들이 비정규직화라는 말에 눈을 번뜩인다고 해서 놀랄 일은 아닌 것이다.

매혹적인 신자유주의의 대가

성공의 수치들은 정신을 혼미하게 만든다. 우리는 정신이 너무 혼미해져 신자유주의가 내리는 처방들이 부작용을 일으키고 있다는 것도 느끼지 못하고 있는 형편이다. 사회는 특급 대접을 받으면서 엄청난 돈을 버는 소수의 집단과, 값싼 일자리라도 얻으려고 줄을 서서 기다리다가, 그중 한두 개를 얻게 되면 행복하게 느끼는 다수의 남아도는 인력으로 분열되고 있다. 앙드레 고르즈가 '사회의 남아프리카화' 라고 부르는 풍경이 펼쳐지고 있는 것이다.

이와 관련해서 우리는 미국 사회를 한 번 들여다 볼 필요가 있다. 미국이 선례 없는 경제기적과 직업 붐을 이루었음에도 불구하고 현재 미국 사람들의 평균 생활수준은 1973년에 머물고 있다. 그러나 노동시간이 73년보다 6주가 더 늘어나 사람들은 연평균 245시간 더 많이 일하게 되었다. 독일 노동자들과 비교할 때, 미국 공장노동자들은 연간 320시간 더 많이 일하는 셈이다. 이는 노동시간으로 따지면 두 달이 넘는 시간이다. 그 사이에 미국인 1/3이 소위 말하는 가난한 노동자라는 룸펜프롤레타리아트로 전락했다.[22] 이들은 가계를 그런 대로 꾸려 나가려면 두서너 개의 직업을 동시에 가져야만 한다. 중산층의 경우에서도 이런 현상을 쉽게 목격할 수 있다.

이와 같은 노동생활의 사회적 결과들은 사회적 문제를 명확히 야기하게 마련이다. 『이코노미스트』라는 전문잡지의 연구보고에 따르면, 오늘날의 평균 미국 부모들은 30년 전과 비교해 보면 자녀들과 보내는 시간이 훨씬 줄어들어 주당 22시간 정도밖에 되지 않는다.[23] 반면에 부모들의 시간 할애에 비례하여 어린아이들과 청소년들이 텔레비전을 시청하며 보내는 시간, 범죄행위, 몸무게, 향정신성 약물복용이 늘어나고 있다.

현재 미국인의 전형적 모습은 어떤 것일까?

줄리엣 쇼르는 『과잉노동에 시달리는 미국인들』이라는 책에서 미국인의 자기노예화의 경향을 다음과 같이 간명하게 서술하고 있다.

노동시간이 지난 20년 동안 또 다시 꾸준히 늘어나면서 보통 미국인은 주당 60시간, 연간 50주 일에 매여 있다. 찰스 디킨즈의 영국에서 벌어졌던 일이 오늘 미국에서 재현되고 있는 것 같다.[24]

실제로 앵글로색슨 사회의 발전을 관찰해 보면 19세기 노역사회가 부활하고 있는 듯한 인상을 강하게 불러일으킨다.

우리의 눈에는 역사의 수레바퀴가 거꾸로 가고 있는 것처럼 비친다. 사회가 다시 계급으로 분열되고 있으며, 빈곤이 다시 확산되고 있고, 오래 전에 사멸했다고 믿었던 환경들이 다시 부활하고 있는 것을 우리는 목격하고 있다. 마치 우리가 필름을 되감고 있는 영화관에 앉아 있듯이, 도시 한복판에는 거지들과 갈 곳 없는 사람들로 다시 붐비고 있고, 멋쟁이 주인들은 또 다시 온갖 이름의 하인들로부터 시중을 받고 있다. 많은 사람들이 현재 누리고 있는 저녁의 여가시간은 앞으로 점점 더 눈에 띄게 줄어들 것이다.

다른 선택은 없는가?

미래는 과거로 회귀하는가? 비정규직화를 특효약이라고 선전하는 사람은, 일은 더 많게 하고 임금은 점점 더 줄어들게 한 행운의 상을 받을 용기와 자부심도 가져야 할 것이다. 그러나 그 결과 우리는 주인이나 노예로 살게 될 것이며, 마침내 자유·평등·형제애에 대한 희망을 무덤에 매장하게 될 것이다.

현대의 경제구조가 사람을 더 적게 필요로 하고 있다는 사실을 우리는 비켜가지 못하고 있는 꼴이다. 그렇다면 더 이상 필요 없는 나머지 사람들은 어쩔 것인가?

노동이 우리의 사회생활과 개인생활에 중심축으로 서 있는 한, 공포의 시나리오 가운데 어느 하나를 선택할 수밖에 없다.

우리가 노동을 가치 자체로 이해하는 한, 일에 매달리는 부조리한 해결책을 찾아 헤매게 될 것이다.

우리가 편집증세를 일으키면서까지 노동에 집착한다면, 영원히 우리는 현재의 역사적 진행을 밀고 나가면서 비극적 모습을 띤 노동영웅, 풍차와 싸우는 현대적 돈키호테가 될 것이다.

이 싸움에 지쳐 버둥대고 있는 동안 노동의 참된 의미와 목적에 대해 물을 수 있는 여력도 그만큼 줄어들게 될 것이다. 더 이상 노동이 우리에게 필요 없다면, 노동은 무슨 소용이 있겠는가?

7

일은 더 적게 하고,
더 많은 것을
경험하면서 살기 위하여

"지금이 아니면 언제?"

막시 반더 (Maxie Wander)

노동의 저편에도 인생은 있다. 임종 때, 평생 일로써 많은 시간을 보내지 못한 것을 아쉬워할 사람은 아마 우리 가운데 극소수에 불과할 것이다. 그러나 독자 여러분도 한 번쯤 의식적으로 이런 문제들을 제기해 본 적은 있을 것이라고 생각한다.

즉, 나는 어느 정도 일을 하면 충분할까? 노동이 내 인생에서 어떤 역할을 하게 해야 할까?

만약 그랬다고 한다면, 독자 여러분은 소수에 속할 것이다. 그러나 만약 그렇지 못했다면, 이 장은 아마 여러분이 노동시간과 인생시간의 관계를 새롭게 정리하도록 자극하는 계기가 될 것이리고 기대한다.

어떤 어설픈 충고자는 지금 인생은 일단 일할 시기이고, 일

175

외에 다른 것을 위해서는 나중에 연금생활을 할 때 충분히 시간을 낼 수 있다는, 흔히 볼 수 있는 태도를 취하게 된다. 그러나 여러분이 "우선 먼저 일하고 나중에 인생을 즐기자"는 모토에 따라 여러분의 인생을 살아가고자 한다면, 여러분에게는 연금생활 때까지 인생의 즐거움을 망각하고 사는 일이 벌어질 것이다. 꿈도 실현하지 못한 자료만 갖게 될 것이 분명하다.

30대에 꾼 꿈이 연금생활에 들어설 나이가 되었을 때까지 고스란히 남아 있을 수가 없다. 꿈은 본래 건강한 토대에서 실현되는 법이다. 인생의 수많은 계산서를 외상으로 남겨 두어서는 안 된다는 점을 제때 깨닫는 것이 중요하다고 생각한다. 모든 시간은 제때 해야 할 도전과 과제를 담고 있으며, 단 한 번 꽃피울 기회들은 바로 그 때마다의 시간 속에 숨겨져 있는 법이다.

꿈같은 소리

일단 아무 일도 하지 않으면 어떨까?

이것이 얼마나 오래 갈까?

새롭게 펼쳐지는 시간을 채울 수 있는 것들은 무한하다.

힘든 해에는 푹 쉬어 보는 것, 창조적 휴식을 취하는 것, 인생의 위기를 극복하거나 새로운 계획들을 짜보는 것도 시간을 채우는 일이다.

마침내 언제나 하고 싶어했던 교양을 쌓는 일을 아마 시작하게 될 것이다. 마음에 늘지 않는 사리에 더 이상 만족하지 못하고 **직업을 바꿀 계획** 도 짜게 될 것이다. 새로운 것을 배운다는 것은 아랍어처럼 신비로우며 궁술의 재주를 부리는 듯한 느낌을 준다.

리오(Rio)에서 열리는 카니발에서 사람들과 어울려 함께 신나는 춤을 추거나, 라체부르크(Ratzeburg)의 수도원에 입교하기도 한다. 양치기가 되어 스위스의 알프스에서 땀을 흘리며 한여름을 보낼 수도 있다. **사막에서 바람과 모래와 별들에게 몸을 맡겨 보기도 한다.** 아득히 먼 세계들을 찾아갈 수도 있고, 가까이 있는 오래된 지기들, 우리가 매일 만나는 사람들, 우리 곁에서 무럭무럭 자라고 있는 아이들과 즐거운 시간을 가질 수도 있다.

집에 머물면서 직접 해보고 싶은 것만 한다. 매일 새로운 것을 찾아낸다. 이미 오래 전에 써야겠다고 마음먹었지만 쓰지 못 했던 편지들을 쓰거나 정원을 가꾸어 본다.

177

돈은 되지 않지만 뜻깊은 뭔가를 해본다. 옛날에 꿈꿔 보았던 이상들을 쫓아보고 중요한 일에 봉사한다. 외딴 곳에서 위기에 처해 있는 사람들을 **자원하여 도우러 가거나 비밀스런 시민운동에 가담**해 보기도 한다. 순수한 열정과 호의 혹은 연민을 가지고 뭔가를 시도해볼 수도 있다.

혹은 **얼토당토않은 짓을 해본다.** 아무 계획 없이 예약도 하지 않고 무작정 집을 나와 여행을 떠나본다. 지금까지 피난처를 제공했던 모든 안전지대를 벗어난다. 모든 가능성과 새로운 행복을 차단하고 있는 보호막을 거둬낼 수도 있다.

보통 우리는 꿈을 꾸면서 직장에 앉아 있지는 않는다. 그렇다면 어떻게 이런 꿈들을 실현할 수 있을까?

강제와 자동화에 묶인 우리는 온갖 종류의 습관적 일상과 안락함에 젖어 지내왔다. 사람들은 마음의 각오를 세우기도 전에, 애초 자기가 원하지도 않았던 그런 종류의 사람이 되어 있는 경우가 허다하다. 영원히 동일한 일상에 포로가 되어 있는 일벌레로 말이다.

임대, 가족, 많은 세금 …… 지금까지 해왔던 식으로 계속 살아갈 수밖에 없는 수천 가지 이유들이 있다. 그러나 인생은 사태의 강제뿐만 아니라 **자기 자신의 결단과 우선권의 설정에 의해서도 좌우**된다는 사실을 깨닫는 것은 자기비판의 계기가 되기도 한다. 그래서 우리 자신이 설치해놓은 장애물에 우리 스스로 걸려 넘어지는 경우가 허다한 것이다. 과도한 안정욕망, 타성 혹은 비우는 것에 대한 공포, 노동 없이는 살 수 없다는 두려움 따위가 그런 장애물들이다.

오래 되어 너무 친숙한 울타리의 안전지대를 벗어난다면 어떻게 될까?

노동의 지배를 벗어날 수 있는 가능성의 길은 다양하게 뻗어 있다. 그러나 스트레스와 질환을 유발하는 일상의 평범한 광기에서 벗어나기 위해서 일탈을 무작정 감행할 수는 없는 노릇이다. 좀 덜 표나게 일을 줄이는 행위가 "억누르고 있는 꿈과 무모한 듯한 이념들, 숨기고 있는 동경이 실타래처럼 엉긴 채 점점 더 크게 부풀어 올라"[1] 어느 날 풀 수 없는 지경에 이르는 것을 막아줄 수도 있다.

지금 여러분은 "맞습니다. 하지만 ……" 하고 말할 지도 모르겠다. 아마 이렇게 계속 말할 것이다. "물론 아름다운 꿈을 꿀 수는 있습니다. 그러나 맡은 의무가 너무 크기 때문에 일할 때 나의 에너지를 아낄 수기 없답니다." 혹은 이렇게 말하기도 할 것이다. "내가 일년을 쉰다면 모든 관계를 잃어버리게 될 것입니다." 혹은 "나는 부양해야 할 가족이 있고, 아이들의 수업료를 지불해야 합니다." 대체로 들을 수 있는 말은 이것이다. 즉, "그렇게 하는 것은 백만장자나 할 수 있는 노릇이 아닐까요."

사실 어느 누구도 자신의 노동을 쉽게 그만 둘 수는 없다. 슈퍼마켓의 카운터에 앉아 있는 사람은 아무튼 돈을 필요로 하며, 그래서 일을 덜할 수 있는 여지가 없다. 허름한 임대연립주택에 사는 사람은 우선 개인 단독주택에 들어가 사는 것이 자유의 왕국에 들어가는 것이라고 생각한다. 아직도 이것이 자기 꿈의 실현을 위한 우선적 목표가 되고 있다.

다른 한편 백만장자 대다수처럼 마음만 먹으면 아무 일도 하지 않을 수 있는 그런 사람들조차도 온통 일에만 빠져 있지 않는가? 대부분의 회사에서 바로 이런 현상을 흔히 목격할 수 있다. 말단 직원들은 주당 37시간으로도 만족하는 반면에, 상층 책임급 간부들은 70-80시간도 모자라는 듯 바쁘게 돌아다닌다. 노동광기는 오히려 벌이가 좋은 사람들 사이에서 가장 심각한 형태로 나타나고 있다. 인간은 도대체 얼마나 많은 노동을 필요로 하는가 하는 문제는 단순히 물질적 욕구의 문제로만 돌릴 수는 없는 모양이다.

돈은 시간이다

그 사이에 독일 사람들은 상상할 수 없을 만큼 많은 양인 15조 마르크를 축적하게 되었다.[2] 그중 언제라도 자유롭게 쓸 수 있는 현금 자산이 6조 마르크 정도 된다. 자본이 매년 7% 이상 증식되고 있다. 많은 돈으로 더 많은 돈을 벌 수 있게 된 것이다.

시간도 그만큼 더 많아지게 되었다. 그런데도 왜 사람들은 일을 좀더 적게 하고 소비를 좀더 늘리려고 결심하지 못하는가? 왜 사람들은 시간적 여유를 갖고 풍부한 삶을 누리려고 결단하지 못하는가?

최근 10년 간 누적되어 온 — 약 5조 마르크 정도 되는 — 자산은 엄청난 양의 돈이기도 하지만 수많은 시간이기도 하다. 이 시간은 대략 1,500억의 시간이 투자된 노동이며, 이는 모든 독일인이 3년 동안 투자할 총 노동시간보다 더 많은 양이다. 1990년 그 해에 물려받은 시간의 유산은 1,000억 시간이었지만, 현재 그 총계는 벌써 그 4배에 육박하고 있다.[3] 우선 우리는 이 시간의 유산을 우리 아버지와 할아버지 세대가 물려준 것으로 간주한다. 우리도 우리 자식들과 후손들이 시간의 유산을 언젠가 좀더 잘 활용할 수 있도록 하기 위해서 시간을 비축하고 있는 셈이다.

그러나 우리는 물려받은 이 시간 유산을 새롭게 이용할 수는 없을까?

시간은 돈이다(Time is money)라는 말이 언제부턴가 **돈은 시간이다**(Geld ist Zeit)라는 말로 거꾸로 사용되기 시작했다. 이 시간은 우리가 마음에 들지 않는 노동에 스스로를 노예로 만들지 않을 경우 우리가 단념할 수 있는 그런 시간이다. 그런데 우리의 꿈을 실현할 수 있는 일에 시간의 유산을 투자하는 대신, 그 시간을 더욱 확장시키도록 우리에게 의무를 지우는 사람은 도대체 누구인가?

인간은 얼마나
많은 **자동차**를 필요로 하는가?

우리가 쓰지 않고 있는 돈도 시간이다. 돈을 많이 갖고 있는 사람이면 누구나 문제없이 낡은 파사트(Passat)보다 BMW가 출시한 신종 자동차를 선호할 것이다. 그러나 돈이 빠듯한 사람은 BMW를 구입할 경우 벌써 감각적으로 손해를 본다는 생각을 하고, 낡은 파사트를 수리해서 수년간 더 타고 다니려 할 것이다.

독일경제연구소(DIW)의 보고에 따르면, 현재 독일은 매년 2,800억 마르크를 자동차 생산에 투자할 것이라고 한다. 식품의 생산과 소비에도 거의 같은 금액이 투자될 것으로 보며,

이 추세는 매년 증가할 것이라고 예고한다.[4]

여기서도 시간이 돈이라는 등식의 사고가 작동하고 있는 셈이다. 아마 프랑스 사람들에게서 다소 기대할 수 있는 것처럼, 독일 사람들이 전체 자동차 보유 대수를 약간 줄이는 것에 동의한다면, 여가를 위한 30억 시간을 벌 수 있을 것이다. 그리고 연중 노동시간에서 1억 5천 시간을 절약할 수 있고, 각 직장생활에서는 휴가를 연중 2.5주 더 늘일 수도 있을 것이다.

우리의 자동차는 마력만 아니라 우리의 시간까지도 집어삼키고 있는 셈이다. 우리가 포기하지 못하고 있는 또 다른 종류의 시간킬러(Zeitfresser)들이 있다. 상상을 초월할 정도의 넓은 저택, 휴가별장, 사업상 여기저기 돌아다니는 짧은 여행 따위가 그런 것이다.

우리는 흔히 불필요한 것에 쓸데없이 악착같이 매달리는 오류를 범하고 있다.

영원한 모자람 :
충분은 없는가?

소비생활을 단념하자는 도더윤리에 신취한 어떤 구호도 나오지 않는다. 여행이 세계를 의미하는 사람의 경우 할 수만 있다면 많은 여행을 하고자 한다. 자신의 행복을 성능 좋은 자동차 구입에서 찾는 사람은 소비생활을 결단코 포기할 수 없다. 그러나 우리 또한 소비사회에서 당연한 것으로 간주되는 것들을 하나하나 따지는 일을 포기해서는 안 될 것이다. 예컨대 노동이란 우리에게 최대한의 재화를 마련해 주기 위해 존재하는 것이며, 현재의 생활수준을 유지하기에 모자라지 않을 만큼 충분한 것들을 제공하기 위해 존재하며, **구매 능력**을 올리기 위해서는 **벌이**도 그 만큼 더 늘어나야 한다는 **사회적 통념들**을 문제삼아야 한다.

그렇다면 이러한 통념들과는 반대로 왜 우리는 지출에 필요한 만큼만의 노동을 하고 있지 못하는가? 우리는 모든 재화의 대가로 돈뿐만 아니라 우리들의 시간과 자유마저도 지불해야 한다는 사실을 의식해야 할 것이다. 사람들이 자신을 치장하고 싶어하는 이 멋진 것들 가운데 많은 것들은, 여타의 다른 기회들을 희생시킨다는 사실을 우리가 깨닫게 되는 순간, 그 만큼 덜 멋져 보이게 되고 만다.

생활수준이 삶의 질을 보장해 주는 것은 아니다. 아무튼 지금까지 이루어진 행복에 대한 연구가 물질적 기본욕구가 일단 채워지면 생활의 만족감이 소득과 함께 상승된다고 한 적은 한 번도 없었다.

독자들의 생활에서는 경우가 달랐는가? 여러분이 좀 적게 가졌을 때 여러분의 인생도 그만큼 못했던가? 이런저런 확률에 미루어 볼 때, 여러분의 자녀들이 여러분의 연배가 될 때쯤이면 지금 여러분보다 세 배 이상의 소비수준에 도달한다고 해서 여러분에 비해 인생도 그만큼 더 행복해질 것이라고 생각하는가?

물론 무한정 많은 돈을 가지고 있을 경우 자유도 그만큼 더 많이 누릴 수는 있을 것이다.

돈이 적으면 적을수록 화려한 프랑스 파리의 여행기간도 짧아질 수밖에 없다. 그러나 시간이 없다면 여행은 애초부터 엄두도 못 낼 노릇이다. 따라서 우리의 가장 소중한 재산은 돈이 아니라 시간인 것이다. 이런 맥락에서 본다면 적어도 행복의 방식에서 우리는 빌 게이츠(Bill Gates)보다 가난하지 않은 셈이다.

고정경비의 독재

아마 여러분은 고정경비의 독재라는 이 말을 진부한 것으로 여길 것인데, 이는 전적으로 타당한 것으로 보인다. 그러나 이 진부한 것이 철저히 간과되고 있으며, 벌이가 좋은 많은 사람들이 언제나 시간에 쫓기고 있다는 사실만큼은 눈여겨볼 만한 것이다.

"많은 사람들이 상대적으로 높은 생활수준을 누리고 있음

185

에도 불구하고 그들의 행동은 마치 마지막 남은 빵 한 조각을 위해 싸워야만 하는 듯하다. 월수입이 10,000마르크인 사람이 적지 않지만, 실제로 따진다면 그들은 가난하다. 왜냐하면 그들의 집, 휴가별장, 온갖 종류의 친목회, 휴가장비, 일상의 소비 등에 지출해야 할 돈의 액수는 매달 10,500마르크에 이르기 때문이다. 단독주택의 구입비용은 충분한 잔업이 있을 때라야 간신히 지불할 수 있다. 우리는 고정경비 때문에 프롤레타리아트 민중으로 전락한 것이다." [5]

복권에 당첨된 여러 백만장자들도 얼마 지나지 않아 예전처럼 다시 가난해질 것이라고 생각한다. 재클린 오나시스 (Jacqueline Onassis)와 엘튼 존(Elton John)은 돈 걱정 때문에 골머리를 앓고서는 돈의 정체에 대해 이렇게 지적한다. 즉 문제는 얼마나 적게 가지고 있느냐가 아니라 얼마나 많이 지출하려고 하는가에 달려있다는 것이다. 억제할 수 없는 사람은 스스로를 노예로 만들게 된다. 이미 2000년도 훨씬 전에 에피쿠로스는 자족할 수 있는 임금이 곧 자유를 의미한다고 기술한 바 있다. 에피쿠로스라면 우리가 온통 일에 매달린 대가로 만들어낸 부자유의 양을 보고서 아마 고개를 설레설레 흔들었을 것이다.

다르게 일하는 법 혹은
'아니오' 라고 말할 수 있는 기술

아마 여러분의 경우 문제는 일을 좀더 적게 하는 것이 아니라 바로 **다르게** 일하는 법일 것이다. 그것은 스트레스를 좀 덜 받고, 다른 사람에게 좀 덜 좌우되면서 좀더 창의적이게 되는 것, 간단히 말해서 더 많은 재미를 누리는 것일 것이다.

성공한 많은 사람들을 좀더 면밀히 살펴보면, 그들은 바로 그 잘난 성공 때문에 고통을 받고 있다. 그들이 꾸는 진급의 꿈이 이루어지기도 했다. 그러나 그들의 경력의 사닥다리가 그들을 더 많은 봉급을 받는 새로운 계급사회로 안내하기도 했지만, 또한 새로운 스트레스와 새로운 경쟁이 기다리고 있는 사회로 몰아가기도 했다.

권력과 명예에 대한 욕망이 커지는 만큼 일에 대한 재미는 그만큼 줄어들게 된다. 일에서 적지 않은 성공을 거둔 사람들은 더 이상 일에 뒤쳐질 수 없기 때문에 스트레스를 받고 있다. 한정된 시장에 가능한 한 많은 운동화를 내다 파는 것에 의미를 두고 있는 세계의 수많은 사람들의 경우, 어느 날더 이상 이 목표를 이룰 수 없는 좌절의 날도 경험하게 될 것이다.

여러분의 만족은 올바른 인생에 대한 여러분의 생각, 즉 이상과도 연관될 것이다. 그러나 오늘날 직업적 목표들이 이상과 하나가 될 수 없다면 어쩔 것인가? 그렇다면 여러분이 전력으로 매달리고 있는 직업 가운데 차라리 보수가 낮지만 개인생활이 다소 보장되는 그런 직종을 택하는 것이 여러분의 인생 만족을 위해 가치가 있는 것이 아닐까?

물론 그렇게 하는 것은 성공을 행복뿐만 아니라 심지어 정신적 건강과 동일시하는 업적사회의 창업신화와는 전혀 다른 것일 수 있다. 사업의 성공은 승진 기회의 유혹을 뿌리칠 수 없게 하며, 오히려 승진의 모든 기회를 깡그리 이용하게 만든다.

그러나 여러분은 여러분 자신의 인생을 이런 게임규칙에 따라 꾸려나가려 하고 있지는 않은지 곰곰이 생각해 볼 필요가 있을 것이다. 우리 스스로를 자기 성공의 희생자로 만들어서는 안 될 일이다.

경력에서 비약적 승진을 꿈꾸고 있지나 않은지 한 번 자문해 볼 필요가 있다고 생각한다. 1,500 마르크의 봉급인상으로 위궤양에 걸린다면 그게 무슨 소용이 있을까? 봉급인상에 부가적으로 따르는 권력의 확대가 여가와 자유를 상실케 한 자리를 메울 수 있는가? 진로의 승승장구를 위해 프로필을 화려하게 쌓아가면서 자신의 허리를 더욱 굽어지게 만드는 것이 여러분에게 가치 있는 것일까? 직업상의 성공이 자기 스스로에게 충실했다는 감정을 대신할 수 있을까? 여러분에게 어울리고 여러분을 만족시킬 수 있는 그런 직업을 향해, 자의식을 갖고 목적을 세워 스스로 선택하면서 나아가라고 권하고 싶다. 그렇게 하기 위해서는 한 번쯤 '아니오'라고 말할 수 있어야 할 것이다.

물론 다소 자유로운 자세를 취하여, 언제나 도전 받고 있는 경력과 일정한 거리를 두거나 자발적으로 그 경력의 사닥다리로부터 한 단계 아래로 내려오는 것에는 용기와 자신감이 필요하다. 출판사 사장의 경우 일에 쫓기는 경영자의 생활을 고수하는 것이 아니라 일반 독자로서 책을 만드는 창조적 측면에 모든 정신을 쏟아 붓겠다는 결단을 다시 한 번 내리는 것이 중요하다. 혹은 변호사의 경우 의뢰가 뜻깊은 일이면 재정적 손실을 감수하고서도 적극적으로 변호를 떠맡는 것이 의미 있는 것이며, 혹은 행정업무나 건방진 개인환자들이 벌이는 소동과 문명병에 지친 병원장의 경우 자신의 의술을 제대로 활용할 수 있는 제 3세계의 가난한 나라로 갈 수도 있을 것이다.

출세욕을 스스로 규제하는 데는 물질에 대한 자기 억제력이 우선적으로 필요하다. 만일 매년 소비수준을 더 올리는 것이 필요하다고 생각한다거나, 경제능력을 통해 이웃 사람들에게 강한 인상을 주겠다고 마음먹고 있다면 승진의 감옥에서 벗어날 수 없을 것이다. 또한 임금인상을 미리 월 지출 비용에 잡아놓고 있는 사람은 자신의 승진욕망에서 독립할 수 있는 가능성이 거의 없다고 볼 수 있다.

일하는 평일의 오아시스

직장의 일상에서 일에 파묻히지 않고 생활한다는 것은 말 처럼 그렇게 간단하지 않다. 오후 6시 직전에도 전화벨이 울 리는 경우가 종종 있으며, 그 때는 처리해야 할 중요한 일이 아직 남아 있는 것이다. 고객, 의뢰인 혹은 사장이 예고 없이 들이닥치기도 한다. 사무용 책상은 바람에 이동하는 모래언 덕 모양 벌써 종이와 서류들로 잔뜩 쌓여 있다. 그러면 사생 활은 언제 가능한가? 아직도 더 기다려야만 하는가?

월말의 자투리 시간을 내서 자신의 생활로 쓰려는 사람은 결코 그렇게 할 수 없다. 그렇게 할 수 있는 힘은 월초에 계획 을 잡는 데서 나오는 법이다. 똑같은 이치가 시간에도 적용 된다. 만일 여러분이 일을 하고 남는 시간 속에 사생활을 위 한 시간을 할애하려고 한다면 결코 그렇게 할 수 없을 것이 다. 왜냐하면 여러분의 사무용 책상 위에는 여러분이 처리할 수 있는 일의 양보다 더 많은 일이 늘 쌓이게 될 것이기 때문 이다. 그러므로 여러분은 반대의 길을 선택하는 것이 더 나을 것이다.

일하는 주중에도 노동에서 벗어날 수 있는 확실한 시간을 잡아두는 것이 좋은 일이다. 여러분이 중요하다고 여기는 여러분 인생의 영역을 자유롭게 파헤쳐 나가라고 권하고 싶다. 끝도 없이 무성한 일의 정글 속에서도 쉼터들을 만들어야 한다.

여러분의 일상이 **여러분**이 원하는 모습을 취할 수 있게 만드는 것이 중요한 것이다.

이 때는 사소한 것조차도 문제가 되는 듯하다. 예컨대 일을 시작할 때 지각하지 않고 시간을 정확히 엄수하는 것을 미덕으로 삼듯이, 일을 끝마칠 때도 시간을 정확히 엄수하는 것을 미덕으로 삼아야 한다. 혹은 여러분의 자녀들이 깨어있을 때 얼굴을 마주하고 싶다면, 그래서 유치원에 있는 아이들을 데리러 가려면 매주 목요일 오후 시간을 비워두어야 할 것이다.

혹은 매주 수요일 오후 5시쯤에는 더 이상 일을 하지 않는다는 계획표를 달력에 미리 기입해 놓아도 좋을 것이다. 그러나 그것도 그냥 일하지 않는 것으로는 충분치 못하다. 여러분의 딸과 멋진 저녁 이야기를 나눌 수 있는 미팅을 잡아야 일에서 비운 시간은 의미가 있게 된다.

혹은 일주일에 한 번쯤 여러분의 아내들과 점심식사를 같이 해도 좋을 것이다. 가끔 혼자 수영을 하러 가는 것이 여러분의 멋진 인생설계 가운데 하나가 된다면, 그것을 절대 취소할 수 없는 중역회의 약속 날처럼 고정된 날로서 여러분의 달력에 기입하는 것이 중요하다고 생각된다.

자신에게 유익하다고 생각하는 것에 우선권을 부여할 필요가 있다. 가족과 함께 무엇인가를 계획하는 것이 중요하다고 여긴다면, 주말에 집에까지 일을 끌어들이는 것을 포기해야 한다.

이 때문에 설령 일을 마무리 짓지 못한다 하더라도 가족에 대한 미안한 마음으로 계속 괴로워하는 것보다는 훨씬 더 나은 것이다. 휴양이 필요하다는 생각이 들면, 휴가 때 노트북도 지참하지 않는 것이 좋다. 노트북이 아직 없던 시절, 여러분이 휴가로 부재중일 때도 여러분의 회사는 잘 돌아가고 있었다는 점을 상기할 필요가 있을 것이다.

파트타임

1999년경에는 독일의 모든 남성 가운데 5%만 파트타임으로 일을 했다.[6] 이 때 고용주는 대개 남성을 원했고, 남성 대부분도 이를 자연스럽게 받아들였다. 그러나 파트타임노동은 대개 여성들의 몫이며, 안정된 사회적 신분을 보장받지 못하는 일이다. 여성들의 경우 — 남성들과는 반대로 — 가족을 돌보는 일을 부여받고 있기 때문에 사회적으로 일을 덜 해도 되는 일반적인 이유가 있었다.

반면에 어느 대학의 한 교수가 자신의 지위를 어떤 동료와 공유하려 했을 때 이상한 사람으로 취급받기도 했다. 오랜 서류 싸움이 있고 나서야 대학 당국은 이 이상한 직종을 받아들이기로 결정했다.

풀타임으로 일하려 하지 않는 사람은 풀급으로 인정받지 못하게 된다. 대부분의 고용주들은 자기 시간의 일부만을 노동력으로 내놓는 사람들을 신뢰할 수 없는 인물들로 간주한다. 일반적으로 통용되는 하루 8시간이라는 동일한 노동행보에 발을 맞추지 않는 사람은 주어진 일을 책임지고 완벽하게 해낼 수 없다는 의심을 받고 있다.

우리가 어떤 당, 배우자, 임대주택, 자동차를 선택할 수는 있지만 노동시간의 선택에서는 선택의 자유가 없는 셈이다. 즉 노동시간의 표준모델은 주당 40시간이다. 이는 모든 사람이 같은 문수의 신발을 신어야 한다는 것과 다를 바 없는 것이다. 아무튼 잘 달리려면 조금 큰 것이 낫다는 식이다.

그러나 왜 우리는 한평생 동일한 시간의 통제를 받아야만 하는가? 꼭 기계처럼 영원히 같은 박자에 맞춰 살아갈 수밖

에 없는가? 물론 직업에 우리의 모든 힘을 쏟아 계획을 추진
해야 할 시간들도 있고, 우선 돈이 많이 드는 그런 때도 있을
수 있다. 집을 장만하거나 아이들 교육비로 지출해야 할 돈
이 필요하다는 것은 두말할 여지가 없는 것이다.

그렇지만 일단 우선 순위가 무시되어, 집 마련에 더 많은
시간을 보내거나 자신의 이익에만 몰두하는 것을 중요한 것
으로 보는 사람에게는 돈 문제만큼 더 소중한 것은 없게 될
것이다. 그러나 겨울에 여명이 밝아오기도 전에 일하러 집을
나서는 것은 자연에 위배된다고 느끼는 것, 혹은 여름에 정
원을 손질하기 위해 좀더 많은 시간을 할애하려고 하는 것
등은 정규노동시간의 엄격한 틀을 벗어나는 여러 가지 방식
중 하나가 된다.

그렇다면 금년에는 주당 16시간, 명년에는 주당 28시간의
노동력을 시장에 내놓으려 할 때, 구차한 변명을 늘어놓아야
할 필요가 있을까? 우리 자신들의 이해와 상관없이 인간들이
짜놓은 규칙의 틀에 맞춰 우리가 살아야 할 이유가 어디에
있는가?

파트타임으로 일하고 싶어하는 많은 사람들은 손해를 입
을까봐 고용주들에게 이런 질문을 감히 하지 못한다. 그러나
개인적 만족을 문제로 생각한다면, 자신이 원하는 바를 의식
적으로 알리는 것이 결정적으로 중요하다.

그 사이에 회사 분위기도 많이 달라졌다. 즉 만족하는 직원

만이 훌륭한 직원일 수 있다는 인식이 많은 회사에서 통하고 있다. 여러 연구 보고에 의하면 파트타임의 생산력이 풀타임의 생산력보다 훨씬 높다. 사고의 전환이 각 법률에 새롭게 적용되고 있다.

2001년 1월 이후, 15명 이상의 직원을 두고 있는 회사에서 근무하는 직원이면 누구나 파트타임을 법적으로 요구할 수 있게 되었다. 그들은 6개월만 풀타임으로 고용주에게 고용되길 원한다. 마찬가지로 2001년 1월 이후, 자식을 둔 부모들은 자녀교육을 위한 공동 휴가를 얻어낼 수 있었고, 파트타임 노동에 대한 법적 권한을 얻게 되었다.

시간에서 벗어남

성인이 활동하는 중요한 기간, 이른바 적극적 생활의 기간은 평균 37.5년 정도에 불과하다.

젊은이들은 이 기간에 접어들기 전에 우선 세상을 두루 여행한다. 배낭을 메고 네팔의 수도 카트만두로 가기도 하고 무전여행자로서 파리를 찾기도 한다. 그러나 그 후 '제대로 된' 뭔가를 할 최상의 시기가 시작된다. 연금생활에 접어들기 직전까지 질병이나 실직과 같은 불행한 사고로 쉬어야 한 긴 휴식기도 있다.

이른바 안식년을 통해 정기적으로 노동활동을 중단하는 일은 유태인의 오랜 전통문화에서 비롯되었다. 유태인의 전통문화는 땅과 사람들이 휴식을 취할 수 있도록 하기 위해서 7년마다 일체의 농업활동을 하지 못하게 했다. 시간에서 벗어나게 하는 이 제도는 1960년대 미국의 학계에 도입되어 이후 확고하게 정착되었다. 물론 이 제도는 앵글로색슨 바깥 지역에서는 별 관심을 사지 못했다. 그런데 이 휴식제도가 왜 교수들에게만 허용되어야 하는가?

휴식은 건강 회복에 도움이 될 뿐만 아니라 우리가 보신주의와 매너리즘의 편협한 틀을 부수고, 예기치 못한 참신한 것을 접할 수 있게도 한다. 휴식을 취하는 사람만이 자신이 하는 일에 대하여 거리를 두고 관찰할 수 있다. 예술가가 자신의 작품을 비판적으로 평가하기 위해 몇 걸음 물러서서 자신의 작품을 살피듯이, 우리도 우리의 인생이 제대로 된 방향으로 가고 있는지, 그리고 다양한 색으로 칠해지고 있는지 세밀히 관찰하기 위해서 우리 인생으로부터 한 걸음 물러설 필요가 있는 것이다.

지금 여러분은 이렇게 물을지도 모르겠다. "그러나 감히 누가 일년을 비워 두려고 하겠는가?" 그러면 우리는 꼭 일년이 아니라도 괜찮지 않느냐고 반문할 것이다. 한 달의 무급 휴가가 많은 사람들에게 벌써 도움이 되고 있다는 소리를 우리는 듣고 있다. 덧붙인다면, 안식년에는 돈을 많이 들일 필요가 없다는 것이다. 시간에서 내린 대부분의 사람들은 수백 만원의 유산 상속자도 아니고 대부호들도 아니다. 그들은 아주 평범한 교사, 양호교사, 저널리스트 혹은 간호원들이다. 자신의 꿈에 관심을 둔 사람이면, 돈은 별 문제가 아니며 오히려 자신의 인생에 대하여 취하는 용기와 개인적 태도가 중요한 것이다.

앙케 리히터(Anke Richter) 씨는 『시간에서 일탈』이라는 그의 책에서 1년의 안식년 동안 재정적 부담을 줄일 수 있는 여러 가지 힌트를 제공하고 있다.[7] 예컨대 여행을 하려는 사람은 승용차를 처분하여 보험료를 절약할 수 있으며, 집이나 방을 세놓을 수도 있고, 두 달 동안 의료보험의 무료 혜택도 볼 수 있다. 여행경비를 보충하기 위해서는 외국에서 아르바이트를 하거나 자원봉사단체에 들어가 활동하면서 무료 숙식과 급식을 제공받을 수도 있다.

대체할 수 없는 황금우리

"그러나 내가 없는 사이에 회사에서 무슨 일이 생기면 어떻게 하지?"

사실 우리는 아무도 좋아하지 않는 이런 생각을 떨쳐버리지 못하고 있다. 그러나 회사의 인사위원들이 "대체할 수 없는 사람은 아무도 없다"라고 내뱉는 쌀쌀한 말투 속에는 하나의 진실 그 이상의 의미가 감추어져 있는 셈이다. 즉 그들의 회사가 대체 불가능한 인력 하나 없이 경비를 지출한 최초의 회사는 아니라는 점을 확인시켜 줄 뿐이다.

많은 사람들은 여행에서 회사로 돌아올 때 모든 관계가 두절된 것이 아닐까 하는 두려움에 사로잡히기도 한다. 지금까지 C3급으로 일해온 40대의 한 남자는 이렇게 말한다.

"그래도 일단 한 번 나가 보고 싶다. 다시 돌아올 때 내 자리가 어떻게 될까봐 자네가 걱정하고 있겠지? 그런데 들리는 얘기로는 자네도 일년 뒤에 내보낸다는 것이네."

물론 이런 걱정을 이해할 수 없는 것은 아니다. 자유와 안정은 현재 서로 배척하는 관계에 놓여있기 때문이다. 그러나 안심할 수 있는 일들도 있다. 예컨대 여성들은 출산휴가 후에 대체로 별 탈 없이 직장에 복귀하고 있다. 덧붙여서 묻고 싶은 것이 있다. 최근 여러분의 직장에서 실제로 근본적으로 달라진 것이 있는가? 지구는 여러분이 겁내고 있는 만큼 그렇게 빨리 돌아가고 있지는 않다. 열두 달 동안 다른 사람이 될 수는 없을까? 여러분의 능력지수는 아주 쉽게 급락할 수 있는 그런 것이 아니지 않는가? 현대의 직업세계는 개성과 지도력, 새로운 지식을 획득하는 능력을, 재빨리 낡아버리는 지식창고보다 더 중요하게 여기고 있다. 그래서 우리는 우리의 능력에 더 의존하게 되는 것이다.

오늘 여러분이 잘 지내고 있다면, 열두 달 뒤에도 잘 지내 겠지만, 더 좋은 일은 새로운 것을 경험하고 여러분의 안목 의 지평을 더욱 넓히는 것일 것이다.

그래, 나는 아직 가족을 먹여 살려야 해

가족, 자신의 꿈을 매장하게 하는 원인인가? 그렇다면 싱 글만이 모험을 할 수 있단 말인가?

그러나 아이들을 두고서도 모든 일을 감행하는 사람들을 보게 되면 깜짝 놀랄 것이다. 아무튼 아이가 아무리 어려도, 심지어 학교에 다니는 아이가 있다고 해도 노동시간에서 이 탈하는 일은 결코 요술이 아니다. 한동안 아이들의 공부를 돌봐줘야 할 그런 시기에도 그것은 마찬가지다.

물론 사장이 동의하느냐 하는 문제가 남아 있기는 하다. 공 무원이나 공공의 직종에서 일하는 사람들은 여러 경우에서 안식년에 대한 합법적 권리를 갖고 있다. 농업이나 자치단체 에 종사하는 사람들은 자신의 평생 직업생활에서 6년을 쉴 수 있다. 연방의 각 주에 따라 정기적 안식년의 여러 유형들 이 있다. 이른바 4년제는 일의 3/4이 진척되는 3년 동안 일을 하고 1년을 쉬는 유형이며, 7년제는 봉사의 6/7을 완성하는 6년의 노동 후에 자유로운 1년을 갖는 유형이다.

자유 경제에서 여러분은 우선 여러분의 휴가계획에 대해 사장을 설득해야 할 것이다. 이 때 무엇보다 중요한 것은 여러분이 원하는 날짜를 적어도 1년 전에 미리 알리는 일이다. 휴가로 기분을 쇄신하고 건강을 회복한 여러분을 직장에서 다시 보게 되는 것이 회사에 실제로 플러스가 된다는 점을 사장에게 확신시켜 줄 수 있어야 한다.

노동의 시간에서 잠시 벗어난 사람들은 신뢰가 떨어지거나 게으르지 않다. 그들은 연금생활자가 되기까지 얌전하게 노동시간에 붙들려 앉아 있는 다수들보다 더 많은 상상력과 창의성, 인생경험, 실천능력을 발휘하고 있다.

실직과 행복

파블로 피카소(Pablo Picasso)가 파트타임 노동이나 안식년에 관심을 두고 있었을 것이라고 생각하는 것은 터무니없는 것이며, 누군가가 그에게 예순 나이에 미리 유복한 연금생활을 하라고 설득할 수 있었을 것이라고 가정하는 것은 더욱 우스꽝스러워 보인다. 이렇게 생각하고 가정하느니 차라리 자신을 피카소의 동료화가인 폴 고갱(Paul Gauguin)과 동일시하는 것이 더 손쉬운 일이다. 고갱은 회화에 뛰어드는 모험을 감행한 뒤로도 은행직원으로서 어렵게 살아가야 했다. 그에게 생계노동 없이 행복하고 풍부한 삶이 가능한가 하고 묻는다면 그로부터 즉석에서 답을 들을 수 있을 것이다. 그러나 오늘날 이 질문에 그렇다는 긍정적 답을 제시하는 사람이 있다면, 그는 틀림없이 일반 사람들로부터 격분을 사고 말 것이다.

만일 여러분이 현재 노동청의 고액 봉급자 명부에 올라있는 4백만에 속한다면, 근면한 시민들이 품고 있는 생각들을 충분히 인식하고 있을 것이 분명하다. 암묵적인 비난, 즉 자신의 노동을 통해 일반의 복지에 기여하고 있는 개개 사람들의 의무에 여러분이 충실하지 못하다는 비난이 여러분에게 제기될 것이다. 실직자들에게 부과되는 도덕적 압력 때문에 일반적인 일자리에 대해 비판적으로 검토하는 일이 종종 방해를 받게 된다.

그러나 각자 자신의 몫을 수행해야 한다는 주장이 — 많은 사람들이 원하든 원하지 않은 일에서 배제되는 이런 시기에 아직도 이러한 주장이 의미 있기 때문에 — 실제로 사회에 기여하는가? 엄청난 국고보조금을 투입하여 만든 여러 일자리 가운데 하나를 — 결국 국민 일반이 그 비용을 부담하고 있는 셈인데 — 누군가가 가지는 것이 실세로 모든 사람의 복지에 기여하는가? 노동에 의해 남아도는 인력과 더욱더 넘쳐나는 물건들, 심지어 해로운 것마저 생산되고 있는 현실이 도대체 우리에게 무슨 이득이 되는가? 혹은 반대로 이런 질문조차 계속 더 할 수 있을 것이다. 사정이 그러하다면, 들판을 쉬게 할 목적에서 분담금으로 내는 휴경지 보조금과 유사한 사회보조금으로, 일하지 않고 되는 대로 살아가려는 사람들에게까지 혜택을 주는 것은 더욱 부적절한 것이 아닌가? 그렇다면 농업 경영자의 경우처럼 공익의 이름으로 시장의 부담을 덜어주고, 노동시장을 떠맡고 있는 사업가들에게도 조세감면의 혜택을 주는 것은 당연한 것이 아닌가? 그리고 개인적으로는 실직이 하등의 문제도 되지 않지만 실직문제의 해소에 기여하고 있는 그런 사람에게 항변할 말이 뭐가 있겠는가? 이런 질문에 대응하는 것은 쉬운 일이 아니다. 아직도 우리는 머리에 먼지를 덮어쓰고 살아갈 각오가 되어있지 않기 때문에 돈을 적게 쓰고 산다는 것이 그만큼 어려운 법이다.

적어도 사태에 대한 자의식을 갖는다면 **행복한 실직자**들은 '같은 고통을 겪고 있는 동료들'에게 귀감이 될 수도 있을 것이다. 베를린 실직자협회는 발기대회 선언문에서, 늘어나고 있는 실직에 대한 세간의 우려에 대하여 "드디어 나는 시간을 낼 수 있게 되었다"는 위안의 말로 응수하였다.

"기업연합이 이런저런 변명을 늘어놓으면서 여러 일자리를 포기할 수밖에 없다고 발표하고 있지만 무슨 일이 일어나고 있는가? 모든 증권투기업자들은 기업연합의 처방책을 높이 평가하며, 주가가 상승하고 있다. 이 조치로 기업연합이 얼마의 이득을 챙기게 될 지는 곧 드러날 것이다. 이런 방식으로 해서 실직자들은 그들의 선배 실직자들보다 더 많은 이윤을 기업에 제공하게 된 셈이다. (…) 행복한 실직자는 무노동의 대가를 당연히 지불 받아야 한다고 생각한다. 실직자가 불행하다고 느낄 경우 그것은 자신의 일자리가 없기 때문이 아니라 돈을 받을 수 없다고 생각하기 때문이다. 또 실직자가 불행하다고 느낄 경우 그것은 자신이 알고 있는 유일한 사회적 가치가 노동이라고 생각하기 때문이다. 그는 더 이상 할 일이 없기 때문에 시간이 지루할 뿐이다. 생존의 이러한 비참한 원인은 물론 실직에 있는 것이 아니라 노동에 있는 것이다."[8]

실직자로서 직업 없이도 자신의 정체성을 확립하기까지는 당당한 자신감 외에도 일단 많은 인내심이 필요하다. 그러나 일하지 않고 살 수 있는 능력을 우리가 상실하였다는 사실과 이 능력을 자신의 인생에서 되찾는 것이 진정한 노동이라는 사실을 곧 깨닫게 될 것이다. 그 때는 이렇게 말할 수 있다.

"인생을 즐겁게 살기 위해서 우리는 인생을 처음부터 다시 시작해야 한다."[9]

일자리를 잃은 사람은 자기 인생의 형태에 대해서 새롭게 깊이 생각할 수 있다. 직업활동을 되돌아 보면, 작가 에른스트 페츠가 실직자들에게 들려주는 이야기, 즉 "바보의 경우 일하는 것이 결코 재미일 수 없었다"[10]는 말을 곰곰이 떠올려볼 필요가 있을 것이다. 여러분이 일자리 없이도 삶의 재미를 상상할 수 있다면, **행복한 실직자**들은 여러분에게 진심에서 우러나는 얘기를 들려줄 것이다.

"점차 모든 실직자들이 소중한 것을 마음껏 다룰 수 있게 되었다. 그 소중한 것이란 다름 아닌 시간이다. 이렇게 함으로써 의미심장하고 즐거움이 가득한 이성적인 인생을 꾸려나갈 수 있는 가능성이 열렸고, 이로써 또한 역사적 행복이 주어진 것이다. 우리는 우리의 목표가 시간의 재탈환에 있다고 생각한다. 그러므로 행복한 실직자란 능동적 인간이다. 바로 이런 이유에서 그의 경우 일할 시간이 없는 것이다."[11]

즐겁게 사는 연금생활자 :
일할 시간이 없다

많은 연금생활자들도 행복한 실직자들과 썩 다르지 않게 지내고 있는 것처럼 보인다. 연령층이 더욱 더 낮아지게 될 조기 퇴직 연금생활자들이 그다지 도발적이지는 않다 하더라도, 일하지 않고도 만족할 수 있다는 점에 대해서는 현재의 행복한 실직자들 못지 않게 확실히 증명해 보일 것이다.

최근 연금생활자의 평균 연령이 57세로 낮아졌다. 이 젊은 연금생활자들은 연방 각료들의 나이보다 더 적다. 통계학적으로 보면 아직 그들의 나이는 모차르트 시대의 18세에 해당할 정도이다.

설문조사에서 연금생활자들 대부분은 너무 때 이른 나이에 더 이상 일을 할 수 없게 되어서 유감스럽다고 말했으며, 직장생활을 그만둬야 할 상황 직전에 있는 많은 사람들의 경우 직업을 잃게 되어 세상에서 도태된다는 공포에 휩싸여 살고 있다고 대답했다. 이러한 공포는 젊은 연금생활자 대다수가 자기 의사와는 무관하게, 그리고 대부분 사기를 저하시키는 환경적 분위기 때문에 직장생활을 그만두어야 한다는 점에서 더욱 가중되고 있는 실정이다. 그래서 그들은 자기가치 상실감에 빠지는 공황을 맞이하게 된다고들 말한다.

그러나 돌이켜 보면, 십 수년 간 거대한 세계로 보였던 그 세계가 작은 세계에 불과했다는 것을 깨닫게 될 것이다. 벌써 오래 전부터 더 이상 환영받지도 못하던 그런 직장에 아침 일찍 일하러 가기 위해 자명종을 머리맡에 둘 필요가 없어진다면, 이것만으로도 이미 삶의 질이 개선되기 시작했다고 볼 수 있다.

만일 고용주의 지시를 받아들여 조기 퇴직자 생활을 할 것인가에 대해 고민하면서, 이후 찾아올 공허함을 두려워하고 있다면 가슴에 충격을 한 번 주라고 권하고 싶다. 피고용자

시절보다 현재 더 행복하게 살고 있는 다른 수많은 젊은 연금생활자들의 경험담을 들어보아도 좋을 것이다. 아무튼 연금생활자의 95%가 옛 직장으로 돌아가고 싶어하지 않는다는 사실을 참조할 필요가 있다. 조기 연금생활자 가운데 2/3 이상이 직장생활을 다시 하는 것에 대해서는 아무 관심이 없다고들 말한다. [12] 일을 인생에서 필수적인 것으로 여기는 사람에게는 이 조사자료가 분명 다시 생각해 볼 여지를 제공할 것이라고 확신한다.

돈인가 인생인가?

다음의 〈첸(Zen)-이야기〉에서도 문제는 연금생활이다.

첸은 "돈을 내놓을래 생명을 내놓을래" 하며 협박하는 강도들을 만난 한 남자에 대해 이야기한다. 이 남자는 이렇게 대답한다.

"제 생명을 가져가십시오. 돈은 제가 노후에 써야 하니까요!"

일에 광적으로 집착하는 많은 사람들도 이와 썩 다르지 않은 태도를 취하고 있다. 이들은 인생이 끝날 때까지 돈을 위해서 생명의 시간을 팔고 있다. 그러나 온갖 재정적 위기를 준비하고 안정된 생활을 위해 더 많은 돈을 벌어들이려고 하는 사람도 그 돈을 제대로 써보지도 못한 채 죽을 수 있다. 물론 이런 태도가 경제적 관점에서 보면 합리적일 수 있지만 인생 전체와 관련지어 생각해 보면 너무나 비합리적일 수도 있는 것이다.

우리들 가운데 인생의 최대 목표를 가능하다면 많은 돈을 축적하는 데 두는 사람은 별로 없다. 그러나 우리 인생의 목표에 대한 물음에 대답하기는 생각만큼 그리 쉽지 않다. 물론 모든 복지국가들에서 설문조사를 해보면 인간들 사이의 관계를 돈독히 하고 정신적으로 풍요로운 삶을 영위하고 싶다는 희망이 "내 집, 내 차, 내 요트!"와 같은 물질적 목표들보다 우선 순위에서 한참 앞서기는 한다. 그러나 그럼에도 불구하고 구체적인 생활에서는 대부분의 사람들이 외형적인 것, 즉 물질적인 것, 명예와 신분 따위에 붙들려 있다. 단도직입적으로 말하면 이런 것들은 인생의 무대장치에 불과하다.

우리가 새 자동차를 구입할 때는 그 때마다 나오는 모델의 장단점에 대해 요모조모 잘 따진다. 그러나 인생에서 중요한 결단을 내려야 할 때는 그만큼 신중하지 못할 경우가 허다하다.

일에 바치는 시간의 가치는 아무리 면밀하게 검토해도 충분치 못할 만큼 소중하지만, 우리는 반성 없이 타성에 젖어

207

그 가치를 다룰 때가 많다. 우리 모두는 어려서부터 업적과 성과에만 매달리도록 조건 지어져 모든 업무에 대한 느긋한 태도는 처음부터 잘못된 것으로 받아들이게 되었던 것이다.

여러분은 성인으로서 이런 문화적 편견을 멀리 하고 여러분 자신의 가치를 개발할 기회를 갖고 있는 셈이다. 기존의 관점을 따르지 말라고 권장하고 싶다. 여러분 자신의 관점이 가장 좋은 지표라고 생각한다. 그렇다면 여러분은 여러분 자신의 관점을 갖고 있는가? 실제로 성공이나 명예보다 더 소중한 가치들이 있다는 사실을 여러분은 알고 있는가?

긍정적인 생활신조가 없다면 질이 아닌 양의 세계, 즉 모든 것을 소유하려는 욕망의 세계로부터 벗어날 수가 없다. 질적인 삶을 가지지 못하는 사람은 일이 없다면 행복할 수 없다.

성공의 빈곤

사생활에서 성공하지 못하고 직업에서만 성공한다면, 그게 무슨 의미가 있을까? 성공적인 화려한 경력과 인생의 즐거움은 동일한 궤도를 달리는 것이 아니다.

정원은 정기적으로 손을 볼 때만 꽃이 만발한다. 가끔씩 물을 뿌려 주지 않는다면 정원의 꽃들은 말라죽고 만다. 사랑뿐만 아니라 인생의 모든 부분에서도 마찬가지다. 직업의 성공 때문에 충분히 물을 주지 않고 모종하면 나중에 더 많은 돈을 들여야 할 것이다.

아직도 성공이 행복을 만들어 준다고 확신하고 있다면, 사방으로부터 칭송 받고 있는 성공한 사람들을 한 번 더 자세히 살펴볼 필요가 있다. 오후 6시 30분에 함부르크에서 뮌헨으로 가는 비행기를 타고 사방을 둘러보면 일에 지쳐 신문이나 노트북 혹은 서류를 방패막이로 삼아 졸고 있는, 우울한 표정의 중년신사들의 모습을 쉽게 볼 수 있다.

우리는 성공이 무엇을 의미하는지 스스로 정의 내려야 한다. 아마 성공은 "어디서든 편하게 느끼면서 살아가는 것"[13]에 있지 않을까? 그리고 자기 자신의 성공욕망에 굴복하지 않는 것을 성공이라고 부를 수 있지 않을까?

오늘날 일에 대한 편집증세에서 벗어나는 것은 여타의 이별만큼이나 어렵다. 우리가 새로운 것을 준비할 때도 마치 반사작용을 일으키듯이 기존의 낯익은 방식에 매달리게 된다. 새로운 풍부한 삶을 영위하길 원하면서도 자신의 경력, 명예, 성공과 소득을 포기하지 않으려는 사람은 여전히 계략 속에 빠져 있는 셈이다.

물론 삶이란 거래이기도 하다. 영어의 **협상**(Trade - off)이라는 단어가 이 의미의 적절한 표현일 것 같다. 하나를 얻으

209

려면 다른 하나를 내놓아야 한다. 혼자 사는 즐거움을 누리려는 사람은 가족을 포기해야 하는 것이다. 더 많은 자유가 필요한 사람은 안정을 포기해야 한다. 더 많은 시간을 가지려면 직업적 성공에 가위표를 쳐야 한다.

우리는 습관의 힘을 과소평가해서는 안 될 것이다. 사람들은 흔히 이렇게 말한다. "내가 일단 목표에 성공한다면, 그때는 좀 여유 있게 살 수 있을 것 같다." 이런 환상을 우리는 버려야 한다. 그것은 마치 아이가 태어날 때 자신의 시점이 존재하지 않는 것과 같은 것이다.

그런데 오늘날 인생은 이와 비슷하게 돌아가고 있다. 미뤄두는 꿈은 대개 포기하는 꿈이 되고 만다. 중요한 것은 한시도 지체하지 말아야 한다.

노동 편집증과의 **이별**

"모두가 다 그렇게 일을 그만두려고 한다면 어떻게 될까?" 이 질문은 성실한 보통 사람들로부터 흔히 들을 수 있는 물음이다. 그렇다면 이렇게 물어보면 어떨까!

모든 사람이 자기 인생의 꿈을 실현하기에 합당한 만큼만 일을 하려고 한다면 어떨까? 그들에게는 돈보다 시간이 더 중요하다면, 신분보다 자유가 더 중요하다면, 성공보다 인생의 즐거움이 더 중요하다면, 어떨까? 그렇다면 세상은 더 나빠질까?

물론 사회영역에는 아직 할 일이 많다. 우리가 도움에 의존하고 있는 사람들과 어떻게 관계를 맺어나갈 것인가 하는 문제는 여전히 숙제로 남아있다. 그러나 우리가 보다 나은 답을 제시할 수 있다면, 그것은 좀더 인간적 방식으로 이 숙제를 풀기 위해 지금까지보다 더 많은 시간을 투자해야 한다는 점일 것이다. 우리는 더 이상 이 숙제를 프로들이나 시장의 법칙에 무작정 맡겨둘 수는 없다. 우리는 돈으로 따질 수 없는 인생의 모든 측면들, 관계의 개선, 살아 숨쉬는 인간적 문화를 형성하는 모든 것 등을 위해 더 많은 시간을 투자해야 할 것 같다.

그러나 아무튼 이제 우리는 더 이상 수출시장의 거장, 국민총생산을 진두지휘하는 거장, 자동차시장의 세계적 거두가 될 필요가 없다. 만일 지금 우리가 경력과 사업, 경쟁으로 소비하고 있는 우리의 총 에너지를 우선 경제적 주체로서가 아니라 인간으로서 활동할 수 있는 부문에 투입할 수만 있다면 일을 좀 덜 하게 될 것이 분명하다. 이로써 아마 우리는 더 높은 생활수준이 아니라 더 나은 생활의 질을 획득하게 될 것이다. 그러므로 더 이상 우리 자신과 우리의 환경에서 마지막 남은 것을 끌어내서는 안 될 일이다. 우리의 물질적 욕망과 비물질적인 부분, 즉 사회적·정신적·영혼적 부분과의 균형을 좀더 잘 유지할 수 있도록 해야 한다. 우리는 경제기적을 좀더 작은 범위에서 실현하기를 원한다. 그러나 인생의 기적에는 아무리 더 가까이 다가선다 해도 충분하지 않다고 생각한다.

8

무직생활자
딜레탕트
게으름뱅이

> "나는 분주하게 쫓아다닐 시간이 없다."
>
> H. D. 소로우 (H. D. Thoreau)

이 마지막 장에서 우리는 여러분을 우리의 여행에 초대하려고 한다. 과거로의 여행 · 미래로의 여행 · 가상공간으로의 여행? 아니다! 우리는 말 그대로 어디에도 없는 그런 곳으로는 여행하지 않을 것이다.

우리가 여행하고자 하는 곳은 현실 같지 않은 현실이다. 그곳에서 우리는 우리의 일상에서 볼 수 없는 그런 인물들을 몇몇 만나게 될 것이다. 그들은 이런 저런 사람들에게 강인한 인상을 심어줄 것이 틀림없다.

그들의 모습은 세상 물정을 모르는 까마득한 옛날 사람들처럼 보인다. 그 모습을 보면 그들은 아주 오래 전에, 수십 년 혹은 수백 년 전에 집을 떠나 여행 중에 있으며, 겉으로 보아도 지금보다 더 나은 시절부터 살아왔다는 사실을 이미 예측할 수 있을 것이다.

아무튼 그렇게 다양한 사회는 오늘 우리의 시대에는 도무지 어울리지 않을 것처럼 보인다. 그들 가운데 어느 누구도 현재 통용되는 직업의 전형에 자신을 예속시킬 수 없으며, 오늘 우리가 직업적 성공이라고 이해하는 것에 귀기울이지도 않는다. 우리 시대의 사람이면 누구나 그는 아무 일도 하지 않고 먹고 노는 사람이라고 쉽게 동의할 것이다.

우리가 만나는 인물들은 인사부장의 꿈에는 한 번도 나타나지 않을 그런 사람들이다. 오히려 그들은 현재 직업사회에서 요구하는 직위에 어울리는 프로필과는 상반되는 모습을 취하고 있다. 그들은 역동적이지 않으며, 고도로 훈련된 동원용 인물들도 아니다. 그들에게서는 헤드헌터(Headhunter)의 모습을 볼 수 없다. 우리는 그들을 진정한 안티-영웅이라 부른다.

그러나 그럼에도 불구하고 — 혹은 바로 그 때문에 — 우리는 이 장에서, 오늘날 찬사를 전혀 받지 못하고, 오히려 태만하고 게으르며 혹은 남아도는 인력이라고 곱지 않은 시선을 받고 있거나, 제일 괜찮을 경우 그저 동정의 대상으로 바라보고 있는 바로 이 기괴한 결사대에게 찬사를 보내는 노래를 부르려고 한다. 그 멤버들은 지나치게 높이 평가받고 있는 오늘날의 경제가치를 추구하지 않는다. 바로 이런 점에서 그들은 아무 가치가 없는 패잔병으로 취급되고 있는 것이다. 심지어 그들 가운데 많은 사람들은 사회비용의 직접적 원인자들로 간주되면서, 그들의 존재 자체를 사회적 경제부담에 미리 포함시킨다. 비용과 용도의 관점에서 보면 그들은 희망이 없는 환자이고 무용지물인 것이다.

무직생활자

우리가 여행을 떠나자마자 당장 우리는 오늘날 거의 존재하지 않는 인물, 즉 무직생활자(Privatier)를 만나게 된다. 한때 이 무직자도 이름을 날렸고 심지어 존경까지 받았던 사회구성원이었다는 사실을 그가 남긴 흔적들을 재구성해 보면 확인할 수 있다. 예컨대 튀빙겐(Tübingen) 대학 도서관에 소장되어 있는 학교창립 자료에는 이렇게 적혀 있다.

창립기금은 1881년 오버에슬링엔(Oberesslingen)의 무직생활자인 프리드리히 빌헬름 브라이틀링에 의해 조달되었다.

그러나 귀족의 몰락과 함께 무직생활자는 비난의 대상이 되었고, 이후 그는 무위도식하는 사람, 밥을 축내는 식객으로 취급되었다.

진보정당 · 국민당 · 노동당과 더불어 민주화된 20세기는 마침내 이 무직생활자에게 결정적인 최후의 일격을 가했다 그리하여 이제 그는 세상물정을 전혀 모르는 사람으로 취급받는다.

오늘날의 경우 손가락 하나 까딱할 필요가 없을 만큼 화려한 귀족의 저택을 유산으로 물려받은 백만장자나 그 친척들조차도 자칭 사업가로 불린다. 과거에는 **무직생활자**라는 단어를 의식적으로 비망록이나 비석에 기입했던 반면에 오늘날은 점잔을 빼지만 은근히 능력을 암시하는 **사업가**라는 명함을 통해 **모모 재단의 설립에 기부금을 낸 이사장 직분**을 감추기도 한다.

보기 드문 현상이기는 하지만 지금도 무직생활자의 모습에서는 어떤 마력이 나오고 있는데, 그것은 아주 특이한 방식으로 몸에 배인 것이다. 이런 인물들이 매력적이기조차 한 것은 우리 시대에는 전혀 볼 수 없는 그런 품성을 그들이 몸소 구현하고 있기 때문이다. 이 품성은 한 때 이링 페처(Iring Fetscher) 교수가 "교양을 갖춘 여유를 부릴 수 있는 귀족-봉건적 능력"[1]이라고 부른 바 있는 미덕이다.

그러나 무직생활자란 실제로 어떤 사람인가? 물론 무직생활자라는 단어에서 우선 떠올리게 되는 것은 한 때 그런 사람이 존재했다는 사실과, 유복한 집안에서 태어나 은빛 지팡이를 손에 들고 통이 둥근 긴 모자를 쓴 귀족이다. 또 우리가 떠올릴 수 있는 사람은 하루를 사냥으로 보내는 억대의 상속자이다.

오늘 우리가 이런 무직생활자를 아무리 흉내내고 싶어도

그 유형을 꼭 그대로 떠올릴 수 없다. 우리가 생각하는 것은 그것의 현대적 재현이다. 우리 시대의 무직생활자는 자신의 신분을 은행계좌에 맡기지 않는다. 이에 적합한 인물로서는 두꺼운 수표장부를 갖고 있지 못한 사람들을 생각할 수 있다. 그는 사회보조금의 수혜자, 파트타임으로 일하는 사람, 혹은 실직자일 수도 있다. 안 될 이유가 어디에 있는가? 그의 관심을 끄는 것은 물질적 독립이 아니라 그가 소명이라고 느끼는 것을 할 수 있게 하는 정신적 독립이다. 그리하여 그는 단어의 본래적 의미를 담고 있는 직분을 이행한다. 이 직분은 기존의 경력과는 하등의 관계가 없으며, 오히려 자신의 꿈과 관계가 있다.

이런 무직생활자의 경우 프로와 같은 신분이나 재산 따위로 저울질할 수 없는 노릇이다. 그는 사회에서 한 자리를 안전하게 지켜내기 위해 자신의 인생을 헌납하고, 무엇보다 자의식을 업적 수행자로서의 유용성과 생산자와 소비자로서의 능력에 두고 있는 그런 일그러진 직장인의 모습과는 정반대의 모습을 취한다.

무직생활자는 자신의 정체성과 정당성을 인간-존재에 우선적으로 두고, 이에 근거하여 자신에게 소중하고 합당하다고 여겨지는 것을 계획하는 그런 사람이다. 그가 습성이나 필요에서 일을 할 때도 있지만, 그 자신의 인간적 존재는 일 때문에 포획되는 것은 아니다. 그는 자신의 일에 지배를 받는 것이 아니라 노동을 자기 생활의 물질적 토대를 마련할 수 있는 도구로 간주한다. 따라서 그의 경우 노동은 생활의 수단일 뿐 생활의 구심점은 아니다.

딜레탕트와 아마추어들

좀더 산책하게 되면 우리는 무직생활자와 별반 다를 바 없이 생활하는 또 다른 인물들을 만나게 된다. 그 중 하나가 딜레탕트이다. 그도 전문직업인에 의해 구석으로 몰리고 조소와 놀림의 대상이 되고 있는 점에서 안티-영웅 축에 들어간다. 의회에서조차도 의회 경비를 놓고 비꼬는 말투로써 딜레탕트라는 어휘를 써먹기도 한다. 예컨대 당시 야당 의원이었던 요쉬카 피셔(Joschka Fischer)는 연방정부를 겨냥하여 "딜레탕트들이여, 전진하라!"라는 전투적 구호를 외치기도 했다.

딜레탕트는 우리 시대 어느 곳에서든 조명을 받고 있는 모범적 인물과는 여러 가지 점에서 상반되는 인물이다. 그에게는 프로와 프로의 기준인 능률과 완벽성이 더 이상 직업 영역에서 효력을 발휘하지 못할 뿐더러, 우리가 스포츠를 즐기고 음악활동을 하거나 부엌에 서 있을 때처럼 그는 자유시간

속으로 우리를 유혹하기도 한다. 재미로 혹은 취미로 하는 행위가 전문적 행동에는 미흡할 수밖에 없는 것은 당연한 것처럼 보인다.

그러나 진정한 아마추어는 비록 여러 상황에 따라 프로의 도움을 활용하기는 하지만 프로가 후견인 행세를 하도록 내버려 두지는 않는다. 물론 그렇다고 해서 재미를 망치는 것도 아니다. 그는 딜레탕티즘이 프로정신을 능가할 수 있다는 점을 알고 있다. 만일 우리가 모든 것을 프로들에게 맡긴다면 우리의 삶은 얼마나 가난해지겠는가? 딜레탕트와 아마추어들이 자신들의 과제를 잘 처리하지 못한다고 해서 중요한 모든 과제들이 미결상태로 남겠는가? 생활영역이 더욱더 프로화되고 있는 것이야말로 서글픈 진보인 것이다. 사랑이 넘치는 친척과 대조되는 프로들이 환자와 노인을 간호하거나 정신질환을 앓고 있는 아이를 돌보는 일의 결과는 무엇일까?

그건 바로 어떤 경우든 대역을 쓰는 값비싼 비용을 치러야 한다는 것이다. 가정살림을 돌보는 일에서도 온통 프로들을 필요로 하고 있는 실정이다. 그러나 프로들에게 맡겨도 재산 분할에는 어려움이 따르게 마련이다. 그런데 그 결과는 어떤 것인가? 그것은 마치 집이 살균제 제조공장처럼 되어버리는 꼴이다.

프로에게는 영혼이 없다. 지푸라기들을 깔아놓은 듯한 가을 풀밭의 아름다운 풍경, 덩굴이 아직 남아있는 포도밭 언덕, 지중해 부근의 휴양지가 만들어 내고 있는, 꿈속에서나 볼 수 있을 것 같은 멋진 풍경들도 경제적 합리성과 현대적 프로정신이라고는 모르는 투박한 사람들에 의해 보존되고 있는 것이다.

딜레탕트는 우리의 공동생활에 꼭 필요한 수많은 것들을 즐거운 마음으로 풀어 나간다. 물론 이런 것들은 프로의 과제로 아예 상정되지도 않는 것들이다. 즐겁게 일하는 딜레당트만이 온갖 전문영역의 울타리 너머를 생각하면서 새로운 생각들을 발전시킬 수 있다.

모든 선구자는 매번 정해진 틀을 넘어선 딜레탕트들이다. 독창적인 발명을 했던 사람들은 누구였던가? 전구를 발명한 사람은 또 누구인가? 상대성이론을 제시한 사람은 또 누구였던가? 모두가 딜레탕트들이었다. 인터넷을 시작한 사람은 누구인가? 딜레탕트다.

에곤 프리델은 읽을 가치가 충분히 있는 그의 저서『근대의 문화사』에서 딜레탕티즘을 격찬하는 노래를 불렀다.

딜레탕티즘에 관한 한, 우리가 분명히 알고 있어야 할 것은 모든 인간의 활동에는 현실적인 생활 에너지가 깃들어 있지만, 그것이 딜레탕트들에 의해 단련되는 동안만 존속한다는 점이다. 딜레탕트만이 (…) 대상들과 실제로 인간적 관계를 맺을 수 있다. 그리고 딜레탕트들의 경우에서만 인간과 직업은 조화를 이루게 된다. 그 때문에 딜레탕트가 될 때 전인으로서 활동이 가능하고, 이 활동에 자신의 온전한 본질을 채울 수 있다. 반면에 직업적으로 처리되는 모든 일에는 딜레탕트를 악의적으로 조소할 때 부치는 상표가 역으로 달라붙게 된다. 그것은 일면, 협소, 주관, 지나치게 편협한 시각이라고 부를 수 있다.[2]

오직 돈을 벌기 위해서만 일해야 하는 프로에 비할 때, 딜레탕트는 형언할 수 없는 장점을 갖고 있다. 즉 그는 자신의 일이 의미가 없거나 더 이상 재미를 주지 못할 때는 언제든지 그만둘 수 있다는 점이다. 모든 이념이 실리만을 추구하는 장사의 이념일 수 없는 법이다. 그렇기 때문에 그는 실험하고, 모험하면서 새로운 것을 모색할 수 있는 자유가 있고, 일상의 길에서 벗어날 수도 있다. 자신의 호기심이 자유롭게 뻗어날 수 있게 내버려둘 수 있고, 인도를 향해 길을 떠나 아메리카를 발견할 수도 있는 것이다.

우리는 점점 더 복잡해지고 빠르게 변하는 우리의 세계에서 딜레탕트가 구현하는 것이 더욱 절실하게 필요하게 될지 모른다. 그것은 즉흥적인 것일 수도 있고, 삶의 예술일 수도 있다.

사랑과 기쁨 혹은 흥분에서 비롯되는 행위, 그것은 우리를 인간이게 만드는 요소이며, 직접적 목적에 물려 있는 톱니바

퀴의 역할을 벗어나게 하는 것이기도 하다. 딜레탕트는 우리
가 열정 없이 인생을 살 때, 인생은 빈곤해지게 된다는 사실
을 상기시켜 준다. 이런 의미에서 우리는 이렇게 주장할 수
있다.

"딜레탕트들이여, 전진하라!"

산책하는 사람

계속 걸어가 보자. 저쪽에서 우리를 향해 걸어오는 사람은
누구인가? 실제로 그는 우리를 닮은 모습이다. 즉 그는 산책
하는 사람이다. 단어의 본래 의미대로 한다면 산책하는 사람
은 빈둥거리며 지나가는 게으름뱅이(Müßiggänger)다. 우리
를 향해 걸어오고 있는 그의 모습을 보니 우리보다 약간 더
일찍 집을 나선 것 같다. 그는 우리의 빠른 시간에 간신히 매
달려, 말 그대로 수레바퀴에 깔려 죽을 지경이라고 혼잣말로
중얼거린다.

이 도시에서 산책하는 그 사람은 전설적인 게으름뱅이로
서 적어도 발터 벤야민(Walter Benjamin), 프란츠 헤셀
(Franz Hessel), 로베르트 발저(Robert Walser)와 함께 1920년
경 문학에서 다시 한 번 잠시 명성을 떨쳤다. 그러나 이미 당
시에 그는 시대에 철저히 뒤쳐진 인물이다.

"사람들은 '빈둥거리며 배회하는 일이 더 이상 없다' 고들 말한다. '빈둥거리며 배회하는 것은 우리 시대의 생활리듬에 위배된다' 는 것이다." [3]

오늘날 빈둥거리며 배회하는 사람은 우리 도시에서 완전히 사라졌다. 그를 대신해 '파워-워커'(Power-Walker)가 등장했다. 당연히 그는 귀에 '워크맨' 을 꽂고 콜레스트롤과 몸무게를 떨어뜨리는 일에 집중한다. 혹은 그가 한가롭게 걷고 있다면 그건 바로 쇼핑에서 물건을 구입할 때인데, 이 때도 그는 자신의 태만을 유용한 목적에 쓰고 있는 것이다.

이제 우리에게는 산책이 너무 지루한 것이 되고 말았다. 항상 우리는 목표만을 염두에 두기 때문에 지름길만 빠른 길로 보인다. 어디선가 잠시 머무는 것조차도 우리는 주저하고 있다.

우리의 기술이 슈투트가르트에서 베를린으로 더 빨리 가는 것을 가능하게 한다면, 베를린에서 휴식을 취하면서 남은 시간을 여유 있게 즐기려 하지 않고 오히려 함부르크에서 처리해야 할 일에 미리 그 시간을 이용하려고 들 것이다.

우회로는 잘못 들어선 샛길로만 간주된다. 우리는 대로 옆으로 빠지는, 경계를 알 수 없는 미지의 장소에서 길을 잃고 헤맬 수도 있다. 그러나 이 장소에서는 시간이 다르게 흐르며, 지불일정, 여행 혹은 시간일정에서 벗어나게 되고, 지정된 통로를 따라가도록 통제 받지도 않는다. 째깍거리는 초침

소리에 귀기울일 필요도 없고, 유용성에 따라 매분을 쪼갤 이유도 없다. 그 곳은 예측 불가능한 야생의 상태가 지배한 다. 그 곳 자연은 때로는 느리다가 언제 그랬냐는 듯이 요동 을 친다. 미동도 없다가 갑자기 광분한 듯이 요동친다. 예측 할 수 없고 목적도 없다.

산책하는 우리들을 그토록 감동시키는 것은 그가 어떤 목 적을 추구하지 않는다는 바로 그 점이다. 그는 그렇게 소박 한 삶을 살고자 하는 사람의 상징인물이다. 근처 곳곳을 단 순히 그렇게 걷는다는 것은 그저 '산책하는 것' 그 이상을 원 하는 것도 아니며, 순간을 즐기는 것이고, 공기가 주는 행복 을 맛보면서 주변의 생명에 민감한 반응을 보이는 것이기도 하다. 그것은 또한 자연을 그리워하면서 자신을 자연에 맡기 는 행위이기도 하다.

한가롭게 산책하는 사람은 목적을 쫓고 결과를 제시하려 는 인물과는 반대되는 인물이다. 목적추구와 결과의 제시는 노동의 세계가 각인해 놓은 것일 뿐이다. 바로 이런 이유에 서 러시아 사람들의 경우 **산책한다**는 개념을 **일하지 않는 다, 자유를 가진다**는 말과 동의어로 쓰는 모양이다.

산책을 즐겨하는 사람인 프란츠 헤셀은 이에 대해서 기막 히게 서술한 바 있다.

우리 각자의 내면에는 어떤 게으름뱅이가 숨어살고 있다.

이 게으름뱅이는 움직이고 싶지 않은 이유도 가끔 잊고서 까닭 없이 움직이고 싶어한다. 그것이 그를 행복하게 할 때는 거리를 구경하는 것 외에는 아무 것도 원하지 않기 때문에, 그리고 바로 그 거리가 그를 귀찮게 하지도 않기 때문에 거리는 그에게 각별히 사랑스럽게 보인다.

산책하는 이 사람에게는 우회로가 따로 없다. 거리가 아무리 멀어도 문제가 되지 않는다. 왜냐하면 길이 목적이기 때문이다.

산책하는 사람은 기분이 들떠서 산책한다. 멀리 여행하고 싶은 사람은 자동차에 올라탄다. 아무튼 이 때도 자동차의 성능이 얼마나 좋은가는 문제가 되지 않는다.[4] 산책한다는 것은 자신의 속도에 맞춰 걷는다는 것, 자신의 리듬을 찾는 것, 내면과 외부를 조화롭게 하는 것을 의미한다. "어린아이의 아장걸음이 우리의 걸음이며, 그것은 우리가 균형잡기라고 부르는 즐거운 비틀거림이다."

게으름뱅이

우리가 여행에서 서의 끝 지점에 다다르면, 심각한 병에 걸린 사람을 만나게 된다. 그는 게으름뱅이다. 우리 식으로 본다면, 왜 그가 우리의 이 부지런한 세계에 들어서지 못하는지 금방 이해할 수 있다. 그의 책상 앞에는 노트북도 하나 없다. 귀에는 연필도 꽂고 있지 않다. 주머니엔 핸드폰도 없으며, 손에는 일정표도 하나 들고 있지 않다. 그가 소지하고 있는 것은 고작 평소 활동의 수준을 조금 높이는 데 도움이 되는 덜그럭거리는 기계 하나뿐이다. 그는 전자나 디지털 혹은 자동 기계장치에 익숙지 않은 것처럼 보인다. 그는 겨우 자전거에나 어울릴 것 같다.

앞서 만난 사람들처럼 그도 프로와는 아예 거리가 멀어 보인다. 그의 모습에서는 과도한 활동충동이라고는 찾아볼 수 없다. 오히려 그는 자기를 망각한 휴식상태에 빠져있는 것 같다. 그렇다면 그가 약물을 복용하는가? 아니다. 그는 시간을 갖고 있는 것이다.

무직생활자처럼 그도 고달픈 유산을 끌고 다닌다. 한때 게으름은 상류사회의 특권이었지만, 이후 게으름은 지배와 억압이라는 복합적인 맛을 풍기게 된 것이다. 그러나 오늘날 어떤 국가도 게으름을 더 이상 묵인하지 않는다.

한가로움이 권력의 중심부에서 떨어져 나간 것은 벌써 오래 전의 일이다. 게으름뱅이에게 권력의 중심부는 너무 시끄럽고 복잡할 뿐이게 되었다. 오늘 우리는 한가로움을 중심이 아니라 주변부에서 더 많이 볼 수 있다. 말하자면 물이 요동치는 뱃길로부터 멀리 떨어진 곳에서 그것을 만나게 되는 것이다. 여유는 넥타이를 맨 사람들에게서가 아니라 빈둥거리는 사람들에게서 찾아볼 수 있게 되었다.

오늘의 사회는 게으름뱅이에게 정신분열증을 일으키게 만든다. 자기 확신에 따라 즐거운 마음으로 한가롭게 걷는 것은 우리의 현대 사회에서는 하나의 도발일 뿐이다. 게으름은 죄로 취급받는다. 활동적이고 적극적인 사람만이 천국에 들어갈 자격을 부여받고 있다.

시간의 여유를 부릴 경우 죄인의 낙인을 받게 된다. 미국에서 현금으로 계산을 치를 때 신용불량자로 찍히듯이 시간에 쫓겨 생활하지 않는 사람은 제대로 일을 하지 않는다는 의심을 받는다. 아무 생각 없이 창 밖을 내다보는 것이 40년 전만해도 독일 사람들이 자유시간을 보낼 때 흔히 하던 일이지만, 오늘날 그렇게 할 경우 사회에서 도태되었다는 인상을 주게 된다.

요즈음 사람들은 자유시간을 위해 '멋진' 놀이를 찾는 대신 헬스클럽에서 땀을 뻘뻘 흘리면서 그 자체가 노동이 되는 코스를 밟아 가는 것에 매달리고 있다. 안락함과 무위(無爲)에 대한 인간적 충동과 경향은 활동을 통해 자격을 부여받은 사람에게만 허용된다. 유죄의 게으름과 용인된 게으름의 경계는 계약 시에 이미 결정되며, 오늘날 게으름을 피울 수 있는 날은 연중 30일이다. 그 이상은 허용되지 않는다.

이처럼 몸에 새겨진 노동태세가 모든 시대 모든 사람이 갖춘 것은 아니었다는 사실에 대해서는 이미 우리가 서술한 바 있다. 인류역사를 통틀어서 말해도 인생의 본래 목표는 게으름이며, 순수 필요 이상의 노동을 하지 않는 것이었다. 슐레겔(Schlegel)은 헤라클레스를 설명하는 화려한 문장을 통해 이러한 인생관점을 극단으로 밀고 간다.

헤라클레스도 일을 했고, 수많은 포악한 맹수들을 살해했다. 그러나 그의 여정의 목적은 언제나 고상한 게으름이었다. 바로 이 때문에 그도 올림포스산으로 갔던 것이다.

설령 우리 모두가 올림포스산으로 갈 수 없다 하더라도, 이 그리스의 모델은 우리에게 건강한 모범으로 비쳐진다. 우리에게는 목표추구, 활동력, 신속성이 넘쳐날 정도이며, 우리는 포악한 맹수들과 함께 일을 잘 해 나가고 있는 셈이다. 이 정도면 지나칠 만큼 충분하다. 그러나 우리에게는 그 반대의 것, 즉 휴식과 한가로움과 놀이에 대한 능력이 결핍되어 있다.

우리가 배워야 할 것은 빠를 수도 **있고** 느릴 수도 있는 길을 찾는 것이다.

존재의 다채로운 스펙트럼을 조절할 수 있을 때 인생의 폭은 더욱 넓어질 수 있는 법이다.

인생은 아드레날린을 복용했을 때처럼 진홍빛을 발산할

때도 있고, 마술에 걸린 푸르스름한 시간 속에 놓일 때도 있는 것이다. 우리는 목적과 유용성만을 추구하는 단조로운 일면적 문화를 다채로운 문화와 유쾌한 환경으로 교체해야 한다. 이 속에서만 우리는 전인(全人)으로서 만족스럽게, 기쁘게 살 수 있다. 실천이 필요할 때 실천하는 인간으로, 우리의 영혼이 안식과 평화를 필요할 때는 게으름뱅이로도 살 수 있어야 한다.

한가로움의 의미

늦은 감이 있지만 우리의 현재 여행 시점에서 다음과 같은 질문을 제기하는 것은 자연스러워 보인다.

한가로움이란 도대체 무엇인가? 활동의 반대자인가? 책을 읽는 것, 혹은 곰곰이 생각하는 것은 활동이 아닌 행위인가?

한나 아렌트는 그의 책『활동적 삶』의 끝 부분에서 로마 작가 카토(Cato)의 말을 이렇게 인용한다. 외관상 아무 것도 하지 않는 것보다 더 활동적인 것은 없다라고.

한가로움은 특이한 질료처럼 보인다. 그것은 명상이며, 분열되지 않은 채 자신에게 몰입하는 것이고 영원한 진리로 통하는 길이다. 그것은 기도이고 무상이며, 집중이고 자기반성이며, 침묵이고 감수성이다. 우리가 우리에게 의미 가득한 것을 행할 수 있는 시간은 우리 가슴속에 있다.

그러나 그저 아무 것도 하지 않는 것도 한가로움이며 바로 지금 · 여기의 인생에 충실한 것도 한가로움이다. 그것은 태만을 한껏 부려보는 게으름이며, 시원하게 물에 적신 하얀 수건을 덮고 낮잠을 자는 것이기도 하다. 또 그것은 시간을 그냥 흘려 보내면서 생각을 풀어놓는 것이며, 음악을 들으면서 꿈에 잠겨 보는 것이고 순간의 시에 심취하는 것이기도 하다.

그것은 신들이 그렇게 하듯이 시간을 달콤하게 음미하면서 지양하는 것이기도 하다. 시간을 지양한다는 것은 악마의 장난을 피해 가는 것만큼이나 어려운 기술이다. 왜냐하면 게으름은 자신의 길을 걸어가야 할 의무를 지니고 있기 때문이다. 시간의 창살을 벗어날 때 참다운 인생의 스크린이 계속 돌아갈 수 있는 것이 아닐까? 끊임없이 범람하는 시간의 홍수, 길이 보이지 않아 아찔하기도 하며, 지표도 보이지 않을 만큼 캄캄하며, 변화무쌍하여 예측할 길이 없고, 어떤 목적에도 얽매이지 않아 자유분방한 그런 시간의 홍수 속에서 걷는 것이야말로 얼마나 흥미로울까?

어디에도 구속되지 않을 만큼 고삐를 해체하는 것, 그것이 한가로움이다. 그것은 탐닉과 놀이, 도취에 문을 활짝 열어 두는 것이다. 또 그것은 고향 길에 오르기 전에 맥주를 가득 채운 잔을 테이블에 올려놓고 마음껏 취해 보는 행위이기도 하다. 그것은 인생에 황홀한 빛을 던져 주는 것이기도 한데, 아무리 불필요하게 남아돌아도 좋은 일이다.

한가로움은 해방이며, 자신에게 몰두하는 것이다. 그것은 시간 개념이 없는 어린 시절처럼 마음껏 돌아다니는 것이고, 여기에는 오직 바로 이 순간만 있을 뿐이다. 세계를 벗어나 시간과 자신을 망각하면서도 세계와 하나로 접하는 그런 행위이다.

한가로움은 우리 현존재가 잃어버린 차원의 것이다. 그것은 우리 전체의 일부이며, 작은 섬에 방치되어 있는 물레방아처럼 우리가 까마득히 잊고 지내는 것이기도 하다. 우리가 그것을 우리 자신의 일부로서 받아들이지 않는다면, 그리고 이 여행에서 만난 인물들을 사람들이 대할 때처럼 어디에도 거주할 자격이 없는 비난의 대상으로서만 본다면, 우리는 항상 그것을 외딴 곳에 방치하게 될 것이다.

인간은 무엇으로 사는가?

우리의 여행 목적지에 다다르기 전에 우리의 안티-영웅들에게 사람들이 흔히 행하는 비난, 즉 '그들은 무용지물의 존재다'라는 비난에 대해 우리는 다시 한 번 논박할 수밖에 없다. 이런 비난을 제기하는 사람들은 대개 이렇게 말한다. "게으름뱅이에서 게으름뱅이가 계속 나온다. 일단 그들을 일하도록 만들어야 한다. 우리는 오늘 이 순간에도 아슬아슬한 나무에 걸터앉아 있는데도 말이다."

노동이 모든 인간 문명의 원리가 된다는 것이 우리 시대의 가장 중요한 신조가 되고 있다. 유용한 존재가 되어 경제를 이끌어 가면서 생활수준을 높이는 사람만이 존재할 권리를 가진다.

그렇다면 수십 년 동안, 혹은 수천 년에 걸쳐 한가로운 일을 해 온 사상가들, 승려들, 시인들, 몽상가들, 신부들, 광인들, 예술가들이 의미심장한 노동을 추구해 왔다면, 도대체 이들은 어디에 서 있어야 마땅할까? 이런 쓸모 없는 사람들이 없었다면 우리의 문화는 어떻게 되었을까? 물론 우리는 더 편리하고 더 값싼 자동차와 세탁기, 더 많은 텔레비전을 생산하고 있으며, 유전자 조작 덕분에 영원히 젊음을 누릴 수 있을 것 같기도 하다. 아마 이런 식으로라면 화성도 식민지로 만들게 될 것이다. 그러나 이것이 우리 존재의 의미와 무슨 상관이 있는가? 이게 문화란 말인가? 이것이 우리 인간 존재의 목적이란 말인가? 이게 우리를 행복하게 하는가? 빵만으로 만족할 수 없는 우리는 무엇으로 살 것인가?

우리의 문화는 게으름으로 위협받고 있는 것이 아니라 지나친 부지런함 때문에 위협받고 있다. 일하는 사람이 우리에게 부족한 것이 아니라 오히려 우리 모두가 — 일하는 사람을 포함해서 — 무엇 때문에 사는지 알지 못해서, 게으름을 피우면서 쉬려고 하는 사람이 없어서 아쉬울 따름이다. 우리는 무위도식을 모른다. 아마 우리는 꿈과 환상의 부족으로 파멸할 것 같다. 무슨 이유로 우리의 영웅들은 계속 변명을 늘어놓아야만 할까? 도대체 무슨 까닭에 서두름과 스트레스로 보내는 인생이 한가한 인생보다 더 좋은 것으로 취급된단 말인가? 쉬지 않는 태도는 일종의 타성이 아닐까? 짐을 잔뜩 걸머지고 있는 것이 충족과 무슨 관계가 있는가?

오늘날의 사람들은 "축하합니다! 귀하께서는 어떻게 이런 꿈같은 직업을 얻게 되었습니까?" 하는 축하의 편지를 받는, 자기 컨트롤을 잘 해온 20대 청년의 시각을 갖고 사는 것처럼 보인다. 이런 종류의 편지를 받은 26살의 한 여성이 『여성의 친구』(Freundin)라는 잡지에서 이렇게 말한다.

"나는 수습사원으로서 모든 휴가를 철저히 활용하면서, 내 인생에서 어떤 틈새도 두지 않으려고 노력했습니다. 그래서 앞으로도 나는 장기 휴가를 반납할 생각입니다."

이런 사람이면 자신의 사적인 생활을 소홀히 했다고 해서 아쉬워할 까닭이 있겠는가? '마지막 그리스인'처럼 살았던 니체가 한 말은 지금도 설득력 있어 보인다.

"여느 때와 마찬가지로 지금도 모든 사람은 노예와 자유인으로 살고 있다. 살아있는 동안 자신을 위해 2/3의 시간을 쓰지 않는 사람은 노예이다. 그가 원하는 직분은 정치가, 상인,

공무원, 학자이다." [5]

우리는 이제 입장을 바꿔 생각할 필요가 있다. 우리가 변명해야 할 것은 한가로운 태도가 아니라 팔꿈치의 운동처럼 자동화된 정신, 언제나 "추월하려는 몸짓", [6] 더 많이 소유하고 더 많이 일하려는 태도, 매순간을 유용하게 쓰려고 하는 무조건적 충동이다. 그것은 또한 항상 일할 태세를 갖추고 있는 마음이기도 하다. 자체 목적이 되어 버린 과잉 활동은 우리 삶의 모든 기반을 송두리째 뒤흔들 위험이 있다.

여행의 **목적지**에서

일하지 않는 사람들에게 이제 마지막으로 시선을 돌려보기로 하자. 우리가 그들을 복권시킬 수 있을까? 우리는 선의를 가지고 그들과 작별인사를 나눌 수 있다고 생각한다. 그들의 여행은 어디로 계속될까?

그들과의 만남을 아름다운 추억으로 간직하자. 그들을 우리 꿈의 수호신으로 간주하자. 그들을, 목적 의식적인 사고와 조급함에서 벗어난 사람들이 수백 년 걸쳐 물려준 우리 문화유산의 보호자로 간주하자.

우리가 만난 일하지 않는 사람들을, 우리 지구의 마지막 모퉁이까지 철저히 일하는 노비의 세계로 만들고, 사람들을 온

통 그물에 가두어 적극적인 노예와 수동적인 노예로 변화시
켜 송두리째 이용하여, 일로 지치게 만드는 그런 십자군운동
에 동참하지 않으려는 몇 안 되는 마지막 남은 사람들로 간
주하자.

그리고 그들을 십자군운동에 동원된 사람들이 싸움에 지
쳐 몸도 마음도 병이 들어 꿈마저 잃어버린 채 언젠가 다시
귀향 길에 오를 때, 그들이 투쟁했던 것이 아무 가치도 없는
것이 되어버렸을 그 때, 그들을 따뜻하게 맞이할 사람들로
간주하자. 그들을 삶의 깊이와 달콤함을 아는 사람들로 간주
하자. 우리가 자신을 완전히 망각하고 싶을 때 그들의 충고
가 필요하다.

그들을 우리가 오래 전에 억눌러 배제시켰던 우리의 일부
로 간주하도록 하자.

그리고 그들로부터 배우도록 하자.

일을 더 적게 하면서
　　　인생을 더 자유롭게 사는 방법을.

권하고 싶은 책

"좋은 책을 읽지 않는 사람은
책을 읽지 못하는 사람보다 더 나을 것이 없다."

마크 트웨인 (Mark Twain)

노동이라는 주제와 관련된 다양한 관점들을 좀더 깊이 이
해하고 싶은 독자들에게 우리는 다음의 책들을 읽으라고 권
장하고 싶다. 물론 여기서 권장하는 책들의 내용 하나 하나
에 우리가 완전히 동의하는 것은 아니지만 노동 문제에 관심
을 두고 있는 독자들에게는 분명 하나의 기본적인 도전거리
가 될 것이라고 생각한다.

폴 라파르그(Paul Lafargue): 『게으름의 권리』(*Das Recht auf
Faulheit*), Berlin 1991.
　현재 이 책은 노동에 대한 가장 유명한 논박으로서 1880년
출판된 당시만큼이나 우리에게 신선한 충격을 주고 있다.
앙드레 고르즈(André Gorz): 『경제적 이성 비판 – 노동사회

의 결과에 대한 의미의 물음』(*Kritik der ökonomischen Vernunft-Sinnfragen am Ende der Arbeitsgesellschaft*), Berlin 1994, 『비참함과 유토피아 사이의 노동』(*Arbeit zwischen Misere und Utopia*), Frankfurt / Main 2000.

프랑스 철학자 고르즈는 노동을 주제로 놓고 가장 철저하게 고민하는 정치 사상가 가운데 한 사람으로 보아도 별 무리가 없다.

제레미 리프킨(Jeremy Rifkin) : 『노동의 종말과 그 미래』 (*Das Ende der Arbeit und ihre Zukunft*), Frankfurt / Main 1995.

이 저작에서 리프킨은 생계노동 없는 미래가 우리를 기다리고 있다는 테제를 제시한다. 이 때 그는 일부 사람들이 소멸된 노동 대신 문제의 약물복용에 의존하게 된다는 점을 탐색한다.

울리히 벡(Ulrich Beck) : 『아름다운 새로운 노동세계』(*Schöne neue Arbeitswelt*), Frankfurt / Main 1999.

사회학자 벡은 '부르주아노동'의 모델을 당대 생계노동의 대안으로 제시한다. 그러나 이 때 그는 리프킨의 경우처럼 '인간은 노동을 필요로 한다'는 기본취지에 대해서는 별로 문제를 제기하지 않고 있다.

요하노 슈트라서(Johano Strasser) : 『노동이 노동사회를 이탈할 경우』(*Wenn der Arbeitsgesellschaft die Arbeit ausgeht*), Zürich 1999.

이 책은 노동사회의 발전과 몰락에 대하여 간결하지만 다
면적 전망을 제시하고 있다.

오리오 기아리니(Orio Giarini)/파트리크 리트케(Patrick M.
Liedtke): 『우리가 노동하게 될 방식』(*Wie wir arbeiten
werden*), Hamburg 1998.

'로마 클럽의 보고' 자료에 해당하는 이 책은 신자유주의
적 방식에 따라 일자리 만들기에 매달리고 있는 각료들의
입장이 어떤 것인지 좀 더 면밀히 관찰하고 싶은 사람들에
게만 권하고 싶은 책이다.

리하르트 제네트(Richard Sennett): 『유연한 인간 – 새로운 자
본주의 문화』(*Der flexible Mensch–Die Kultur des neuen
Kapitalismus*), Berlin 1988.

이 책에서 사회학자 제네트는 글로벌시대의 노동하는 인
간이 처한 궁핍한 생활에 대하여 인상 깊게 서술하고 있다.

막스 베버(Max Weber): 『청교도의 윤리학』(*Die pro-
testantische Ethik*), Gütersloh 1991.

베버는 청교도정신이 각인된 노동윤리를 자본주의 경제의
선구자로서 분석한다.

에곤 프리델(Egon Friedell): 『근대의 문화사』(*Kultur-
geschichte der Neuzeit*), München 1997.

이 책은 우리의 주제를 훨씬 넘어서서 도전적이고 흥미로
운 읽을 거리를 제공한다.

로타르 자이베르트(Lothar J. Seiwert): 『바쁘거든 걸어서 가
라. 가속의 시대를 사는 새로운 시간관리법』 (*Wenn du es
eilig hast, gehe langsam. Das neue Zeitmanagement in einer-
beschleunigten Welt*), Frankfurt / Main 1998.

자이베르트는 스트레스를 받고 있는 경영자들에게 좀더
개선된 시간관리법을 충고해 주는 사람들 가운데 한 사람
이라고 볼 수 있다.

앙케 리히터(Anke Richter): 『시간에서 일탈』 (*Aussteigen auf
Zeit*), Köln 1999.

리히터는 시간에서 벗어나길 바라는 사람들에게 시간을
모범적으로 일탈한 사람들의 성공담을 흥미진진하게 들려
줄 뿐만 아니라 수많은 유용한 힌트를 제공하기도 한다.

일제 플라터너(Ilse E. Plattner): 『게으르지만 착한 사람 - 성공
노력의 의미와 무의미』 (*Sei faul und guter Dinge-Vom Sinn
und Unsinn des Erfolgsstrebens*), München 2000.

아직도 직업적 성공이 행복을 보장한다고 믿는 사람은 플
라터너에게서 많은 것을 배울 수 있을 것이다.

칼하인츠 가이슬러(Karlheinz A. Geißler): 『시간 - 아무튼 오
래 끌자…』(*Zeit-Verweile doch…*), Freiburg 2000.

이 책은 시간의 의미에 대하여 깊이 숙고한다.

야이 그리피트스(Jay Griffiths): 『비너스의 시간 - 시계 없는
생활로의 회귀?』 (*Zeit der venus -Zurück zu einem Leben ohne*

Uhr?), Berlin 1999.

여성의 섬세한 시선에 의해 시간이 관찰된다.

로베르트 레빈느(Robert Levine): 『시간의 지도. 문화와 시간의 관계』(*Eine Landkarte der Zet. Wie Kulturen mit der Zeit umgehen*), München 1999.

이 책의 저자는 다양한 문화들이 그 때마다 다양한 시간 정서를 갖고 있음을 흥미롭게 분석한다.

한나 아렌트(Hannah Arendt): 『활동적인 삶 혹은 직업생활』(*Vita Activa oder vom tätigen Leben*), München 1981.

아렌트는 철학자의 관점에서 활동적인 삶의 의미를 철저히 분석하고 있다. 이 책은 읽기가 까다롭긴 하지만 우리가 활동할 때 행하는 것이 무엇인지 깊이 천착하게 만든다.

『철학적 처세술의 고전주의자들』(*Klassiker der philosophischen Lebenskunst*), München 2000.

고대로부터 철학자들은 활동적 삶과 명상적 삶의 관계에 대하여 몰두해 왔다. 이 책은 이와 관련된 기본 텍스트로서 플라톤, 에피쿠로스, 세네카(Seneca), 마르크 아우렐(Marc Aurel), 몽테뉴, 파스칼, 쇼펜하우어, 니체와 아도르노(Adorno)를 한자리에 집합시켜 놓고 있다.

각주

들어가는 말 : 인간은 얼마나 많은 노동을 필요로 하는가?

1 ZDF가 조사한 2000년 8월 '정치지수' 참조.

* *Bild-Zeitung* : 독일의 대중 일간지.

* *FAZ*: Frankfurter Allgemeine Zeitung −프랑크푸르트 알게마이네 짜이퉁.

2 이 개념에 대해서 우리는 울리히 벡(Ulrich Beck)에게 감사한다. 그는 『노동과 민주주의의 미래』 (*Die Zukunft von Arbeit und Demokratie*)라는 책을 편찬했는데, 거기서 이 개념을 설명하고 있다. 울리히 벡 편, Frankfurt 2000, 35쪽 참조.

제 2 장 : 노동의 후광

1 울프 핑크(Ulf Fink), 『의미 없는 노동인가? 노동 없는 의미인가?』 (*Arbeit ohne Sinn? Sinn ohne Arbeit?*), 크라머(D. Kramer) 편, Weinheim 1994.

2 「유엔 인권선언」 23조 제1항.

3 1989년 12월 20일, 베를린에서 채택된 사회민주당(SPD)의 기본강령.

4 「'연대성과 정의가 있는 미래를 위한' 1997년 교회 공동선언문 제 152항」

* DGB: Deutscher Gewerkschaftsbund

  CDU: Christlich-Demokratische Union Deutschland

5 이 인용문은 당시 총무처 장관이었던 보도 홈바흐(Bodo Hombach)가 1999년 7월 16일자 일간지에서 인터뷰한 내용임.

6 노르베르트 블륌, 『노동은 계속된다』, München 1983, 9쪽.

7 1998년 5월 29일자 「프랑크푸르트 룬트샤우」 (*Frankfurter Rundschau*)誌의 보고.

8 비비안느 포르레스터(Viviane Forrester), 『경제의 테러』 (*Der Terror der Ökonomie*), Wien 1997.

9 1998년 10월 3일자 슈바빙 일간지의 기사.

10 「여성과 일」(Women & Work), 『알레그라』 1999년 2월호, 16쪽.

11 톰 볼페, 『허영의 연옥』, München 1997, 660쪽.

12 죠안느 시울러(Joanne B. Ciulla), 『노동하는 삶』, New York 2000, 15쪽에서 재인용.

13 미할리 씨젠트미할리(Mihaly Csikszentmihalyi), 『인생은 즐겁게!』(*Lebe gut!*), Stuttgart 1999, 78쪽 참조.

14 폴 코리건(Paul Corrigan): "실직의 문제는 여러분이 하루도 쉴 수 없다는데 있다"("The Trouble with Unemployment Is That You Never Get a Day Off"), 프레드 코울터(Fred Coalter) 편, 『레저연구학회의 10년 보고서: 레저의 역설 자유와 강제』, New York 1989, 죠 안느 시울러, 앞의 책 같은 쪽 재인용.

15 에곤 프리델(Egon Friedell), 『근대의 문화사』(*Kulturgeschichte der Neuzeit*), München 1976, 851쪽.

16 로베르트 레빈느, 『시대의 지도 — 문화들은 어떻게 시대와 맞물려 돌아가는가?』, München 1999, 124쪽.

제 3 장 : 노동의 그늘진 면

1 "대중들 속에서 잡담할 시간이 없다.", 2000년 3월 13일자 경제신문에서 한 인터뷰.

2 여가시간에 대해 연구하는 호르스트 오파쇼브스키(Horst W. Opaschowski)는 그의 저서 『축제의 저녁은 있는가』(*Feierabend*)에서 이렇게 적고 있다. "생계수단과 삶의 질로서의 노동이라는 주관적 의미는 앞으로도 계속 유지될 것이다. 노동생활에서 삶의 의미를 충족시키려는 욕구는 더욱 증대되고 있는 실정이다. 조사에 의하면, 그 욕구는 1981년 36%에서 1996년 52%로 증대되었다." 『축제의 저녁은 있는가?』, Opladen 1998, 40쪽.

3 발터 뵈크만(Walter Böckmann), 『업적을 요구하는 사람은 의미도 제공해야 한다』(*Wer Leistung fordert, muss Sinn bieten*), Düsseldorf 1984 참조.

248

4 「직장과 사생활의 긴장영역에 서 있는 젊은 프로 직업가들」에 대한 연구, 경제잡지 「젊은 사업가들」, 1999년 10월호 참조.

5 니체, 『인간적인, 너무나 인간적인』, München 1999, 제2권, 623쪽 이하.

6 '공포의 노동윤리학'이라는 이 개념은 J.B.시울러의 저서 『노동하는 삶』에서 사용되고 있다. 시울러, 앞의 책 참조.

7 J.B.시울러, 「노동하는 삶」, 앞의 책 참조.

8 로렌츠 슈투키(Lorenz Stucki), 『창조적 게으름에 대한 찬양 — 유럽과 미국의 여가사회가 지닌 호기와 위험』, München 1973.

9 1991년 9월 갤럽조사, 앙드레 고르즈(André Gorz), 『현재의 비참함, 미래의 풍요』(Misères du présent, Richesses du possible), Paris 1997, 재인용. 최근 독일의 한 설문조사에서도 유사한 결과가 나타난다. 한 주간지의 설문조사에 따르면, 응답자의 7%만 자신의 일을 가장 중요한 것으로 여기고 있다. 슈피겔지 2000년 43호 참조.

10 「직장과 사생활의 긴장영역에 서 있는 젊은 프로 직업가들」에 대한 연구, 경제잡지 부록편 「젊은 사업가들」, 1999년 10월호 참조.

제 5 장 : 노동의 긴 역사와 노동숭배의 짧은 역사

1 이 개념은 이미 그리스의 창조신화에 나타난다. "인간의 교만 때문에 제우스는 인도에서 파라다이스 상황을 종결하고 인간의 생명 속에 '포노스'를 집어넣었다."(『신약성경 용어사전』, W. Bauer편 참조). 주기도문에서 "우리를 악에서 구하시고"할 때 '악'(Böse)이라는 말은 그리스 텍스트 원본의 경우 "고통을 당하는, 자유롭지 못한 상태에서 일하는"이란 뜻을 담고 있는 '포네로스'(Ponäros)를 의미한다. 이 의미를 우리에게 가르쳐준 위르겐 후델마이어(Jürgen Hudelmayer) 씨에게 이 자리를 빌어 감사한다.

2 『어원사전: 독일 언어의 어원학』, 서지학회, Mannheim 1989, 두덴사전 참조.

3 호르스트 빅츠코프스키(Horst Biczkowski), 『노동:어제-오늘-내일』, Ulm 1998, 재인용. 호르스트의 이 글은 인터넷, www.uni-ulm.de/LILL/3.01D/wsd/ARB_BI01.htm에도 실려있다.

4 라틴어 '오티움'(otium)은 안정(Ruhe)과 한가로움(Muße)을 의미한다. 라틴어에는 노동과 거래(Geschäftigkei)에 어울리는 단어가 없다. 지금까지도 그 여운을 로만어권에서 확인할 수 있다. 불안정(Nicht-Ruhe)을 뜻하는 라틴어 네그-오티움(Neg-otiun)에서 파생된 불어 '네고스'(négoc)는 상업, 장사를 의미하고, '네고시에'(négocie)는 거래하다를, '네고시앙'(négocia)은 상인을 의미한다. 스페인어에서도 같은 원리가 작용하고 있다. '네고시오'(negocio)라는 스페인어 단어는 장사, 가게, 종사를 의미한다. 반면에 영어에서 활동은 '비지-니스'(busi-ness)라는 긍정적 의미로 쓰인다. 여가(Freizeit) 개념에서도 대별되기는 마찬가지다. 북구에서 여가는 노동과 관련되어 정의되는 반면에 한가로움과 여가에 대한 영어 어휘는 '레저'(leisure)이며, 이는 허용되다(erlaubt), 즉 일하는 것을 그만두어도 될 자격을 부여받았다는 의미를 지닌 라틴어 '리세레'(licere)에서 유래한 것이다.

5 경제(Ökonomie)와 관련된 그리스어 '오이코스'(oikos)는 본래 가계(家計, Haushalt)를 의미한다. 앙드레 고르즈의 지적처럼, 경제활동은 사적인 가계 영역에서 이루어진다. 앙드레 고르즈, 『경제적 이성 비판』(Kritik der ökonomischen Vernunft), Hamburg 1994, 30쪽 참조. 따라서 사적 영역을 의미하는 '오이코노미아'(oikonomia)는 경제적 필연성에 의해 규정된다. 반면에 공적 영역, 즉 '폴리스'(pólis) 영역은 자유의 왕국을 의미한다. '강요되지 않는' 사생활이라는 우리의 현대적 관념은 이 점에서 물구나무 서 있는 꼴인데, 이는 재미있는 현상이다. 그리스 남성에게 사적인 일이란 바로 강제를 뜻하며, 그는 공적인 일에서 자유를 찾는다. 이 점에서는 오늘날까지도 달라진 게 별로 없어 보인다.

6 메노이코이스(Menoikeus)에게 보낸 에피쿠로스의 편지. 올로프 기곤(Olof Gigon) 편, 『두려움의 극복에 관하여』(Von der Überwindung der Furcht), München 1991, 103쪽 이하 재인용.

7 아리스토텔레스, 「형이상학」 1253b. 쾨니히(H. König) 외 (편), 『산업노동의 사회철학』(Sozialphilosophie der industriellen Arbeit), Opladen 1990, 38쪽 이하 재인용.

8 「창세기」 3장 19절 참조.

9 「마태복음」 6장 28절 이하.

10 「누가복음」 10장 38-42절.

11 데살로니까 신도들에게 보낸 사도 바울의 두 번째 편지, 「데살로니까 후서」 3장 10절.

12 줄리엣 쇼르, 『과잉노동에 시달리는 미국인들』(*Overworked American*), New York 1992, 47쪽 참조.

13 에곤 프리델(Egon Friedell), 『근대 문화사』(*Kulturgeschichte der Neuzeit*), München 1992, 47쪽.

14 같은 곳.

15 돈이 더러운 것으로 취급되었기 때문에 기독교도에게 '고리대금업'과 같은 이자수입이 금지된 것은 물론이고, 특히 유태인의 경우 그것은 엄격한 규율로 지켜졌다.

16 이와 관련해서는 막스 베버(Max Weber)의 『신교도의 윤리학』(*Die protestantische Ethik*) 제 1권, Gütersloh 1991, 66쪽을 참조할 수 있다.

17 같은 책, 67쪽.

18 인터넷 주소, www.otium-bremen.de에서 인용.

19 루터의 1532년 설교. 모자프(H. Mosapp), 『마르틴 루터와 종교개혁』(*Martin Luther und die Reformation*), Tübingen 1927, 215쪽 재인용.

20 1532년 6월 27일자 설교. 마르틴 루터, 『바이마르 비평본』, 제29권, 1941년 판, 442쪽.

21 여기서 우리는 '정통' 루터파에 의존한 것이 아니라 금욕의 기본태도를 공통점으로 하는 종교개혁의 모든 조류들을 청교도주의로 이해한다. 이들 조류의 기원은 캘빈으로 거슬러 올라간다. 이 조류들은 독일을 제외한 유럽, 특히 제네바(캘빈의 고향), 네덜란드, 영국, 스코틀랜드 및 당시 미국의 식민지와 오늘의 미국에서 확산되었다.

22 상당한 영향력을 발휘했던 종교작가 리차드 박스터(Richard Baxter, 1615-1691)는 "사교와 쓸데없는 내화, 시치료 시간을 낭비하는 것뿐만 아니라 엄격한 최소기준을 넘어서 잠을 자는 것에 대해서" 모범적으로 비

난했고, "육식보다 채식에 비용을 들이고 찬물에 목욕할 것을" 권했다. 안토니(P.D.Anthony), 「노동의 이데올로기」(*Ideology of Work*), London 1977, 42쪽 재인용.

23 「마태복음」 19장 24절.

24 리차드 박스터의 글. 막스 베버, 앞의 책, 172쪽 재인용.

25 같은 책, 252쪽.

26 같은 책, 40쪽 이하.

27 같은 책, 59쪽.

28 같은 책, 60쪽.

29 「디드로와 달랑베르 백과사전」(*Enzyklopädie von Diderot und D'Alembert*), 아스홀트(W. Asholt) / 펜더스(W. Fähnders), 「노동과 게으름의 역사 1789-1912」(*Arbeit und Müßiggang 1789-1912*), Frankfurt 1991, 9쪽 재인용.

30 라틴어 '인두스트리아'(industria)는 근면(Fleiβ)과 사업적 활동성(Betriebsamkeit)을 뜻한다.

31 독일 제조업자 프리드리히 하르코르트(Friedrich Harkort)가 노동자계급에게 보낸 1849년 5월 편지. 앤슨 레빈바하(Anson Rabinbach), 「인간의 동력 — 에너지, 노역 그리고 근대성의 기원들」(*The Human Motor — Energy, Fatigue, and the Origins of Modernity*), New York 1990, 재인용.

32 앙드레 고르즈, 「경제적 이성 비판」, 앞의 책, 39쪽 재인용.

33 폴 라파르그(Paul Lafargue), 「게으름의 권리」(*Das Recht auf Faulheit*), Berlin 1991, 14쪽 재인용.

34 W. 아스홀트/ W. 펜더스 (편), 「노동과 게으름의 역사 1789-1912」, 앞의 책, 70쪽 재인용.

35 피에르 포아삭, 「정신보건철학」(*Hygiène phiolosophique de l'âme*), A. 레빈바하, 「인간 동력」, 앞의 책, 같은 곳 재인용.

36 트루먼 카포트, 「티파니에서 아침식사」, New York 1994, 53쪽.

37 폴 라파르그, 「게으름의 권리」(*Das Recht auf Faulheit*), Berlin 1991.

38 같은 책, 10-11쪽.

39 같은 책, 25-26쪽.

40 칼 맑스, 『자본론』, 제3권, 맑스-엥겔스 전집(*MEW*) 제25권, Berlin 1979, 828쪽.

41 칼 맑스, 『독일 이데올로기』, 맑스-엥겔스 전집 제3권, Berlin 1979, 186쪽.

42 바울이 데살로니까 신도들에게 보낸 두 번째 편지에서 "누구든지 일하기 싫어하거든 먹지도 못하게 하라!"는 설교에서 '하거든'(will)이라는 말이 여기서는 생략된다. 이로써 일을 할 수 없는 사람들은 살아갈 권리마저 박탈당하게 된다.

43 W. 아스홀트/ W. 펜더스 (편), 『노동과 게으름의 역사 1789-1912』, 앞의 책, 10쪽 재인용.

44 요제프 피이퍼(Josef Pieper), 「한가로움과 숭배」(*Muße und Kult*), 베르톨트 발트(Berthold Wald) 편, 『문화철학의 논문들』, Hamburg 1999, 제6권, 11쪽 재인용.

45 『슈피겔』지 2000년 19호, 128쪽.

46 이 개념은 젊은 저널리스트인 플로리안 일리스(Florian Illies)가 만든 것이다. 플로리안 일리스, 『골프세대. 또 하나의 검열관』(*Generation Golf. Eine Inspektion*), Berlin 2000 참조.

47 1999년 4월 24일자 『울름』(Ulm) 남서부신문의 기사 재인용.

48 『슈피겔』지 1999년 12월호.

49 한나 아렌트, 『활동적 삶』, München 1981, 12쪽 이하.

제 6 장 : 노동의 종말과 그 광기의 미래

1 쉐퍼스(B. Schäfers) / 짜프(W. Zapf), 편, 『독일사회에 대한 중형사전』(*Handwörterbuch zur Gesellschaft Deutschlands*), Bonn 1998 참조.

2 이 수치는 『슈테른』지, 1995년 5월호에 발표된 자료에 기초한 것이다.

3 게르하르트 보슈(Gerhard Bosch)가 보고한 1999년 12월 2일자 〈독일기술자협회 보고서〉 2쪽 참조.

4 빌케(G. Willke), 『우리 노동의 미래』(*Die Zukunft unserer Arbeit*), Bonn 1998 참조. 1960년 이후 평균 노동시간이 약 30% 줄어들었다. 물론 이

시공간 대에서 생계활동, 즉 노동활동을 하는 사람의 수는 약 10% 증가했다. 그러나 임금노동의 전체 양은 이보다 훨씬 더 줄었다. 말하자 약 20% 감소했던 것이다. [쿠르츠-쉐르프(I. Kurz-Scherf), 『노동의 미래』 (*Zukunft der Arbeit*), 가이젠(Th.Geisen), 크라우스(K. Kraus), 찌겔마이어(V. Ziegelmayer), 편, Frankfurt 1998 참조].

5 경제주간지 *Weekend* 2000년 3월 31일자 참조.

6 로제 수(Roger Sue), 『시간과 사회 질서』 (*Temps et Ordre Social*), Paris 1994. 야로손(B. Jarrosson), 짜르카(M. Zarka), 『기회선택의 확보를 위한 노동의 포기』 (*De la défaite du travail à la conquête du choix*), Paris 1997, 134쪽 재인용.

7 앙드레 고르즈, 『그런데 지금, 어디로 가는가?』 (*Und jetzt, wohin?*), Hamburg 1991, 68쪽 참조.

8 한스-페터 마르틴(Hans-Peter Martin) / 하랄트 슈만(Harald Schumann), 『지구화의 덫』 (*Globalisierungsfalle*), Reinbek 1998, 14쪽.

9 1999년 5월 27일자 『경제신문』 (*Handelsblatt*) 참조.

10 H. P. 마르틴/ H. 슈만, 『지구화의 덫』, 앞의 책, 같은 곳에서 재인용.

11 제레미 리프킨(Jeremy Rifkin), 『노동의 종말』 (*Das Ende der Arbeit*), Frankfurt 1996, 109쪽 참조.

12 2000년 10월 17일자 『경제신문』 28면 참조.

13 B. 야로손/ M. 짜르카, 『기회선택의 확보를 위한 노동의 포기』, 앞의 책, 103쪽 재인용.

14 문학 교수이자 기업자문위원인 게르트루트 횔러(Gertrud Höhler)는 1996년 1월 22일자 『포커스』 (*FOCUS*)지와 인터뷰에서 이렇게 말한다. "활동과 관련된 사회적 인정을 오직 일자리와만 결부시켜서는 안 될 일입니다. 바로 지금이 가치 있는 삶에 대한 사회적 이미지들을 우리가 교정해야 할 시기라고 생각합니다. 산업문화의 출범시에서부터 금세기의 끝에까지 우리가 끌고 온 것은 가치 있는 삶이 아니라 노동, 소득, 처세술의 단순한 결합체뿐이었습니다."

15 『슈피겔』, 2000년 33호, 78쪽 참조.

16 일간지 『타게스 짜이퉁』(die tageszeitung) 2000년 1월 24일자 기사 참조.

17 『슈피겔』, 2000년 34호, 90쪽 참조.

18 『디 짜이트』(Die Zeit), 1999년 15호 참조.

19 이 인용문은 1998년 3월 30일자 『타게스 짜이퉁』이 〈행복한 실직자들〉이라는 모임단체의 발족 선언문에서 발췌한 부분을 재인용한 것이다.

20 기아리니(O. Giarini) / 리트케(P. M. Liedtke), 『우리가 일하게 될 방식』, Hamburg 1998.

21 마인하르트 미젤 교수가 『타게스 자이퉁』(1997년 10월 24일자)과 한 인터뷰.

22 쇼르(J. Schor)에 따르면, 고등학교를 졸업하지 못한 미국인이 받는 평균 시간당 임금은 1973년과 1993년 사이에 11달러 85센트에서 8달러 64센트로 떨어졌다. 쇼르, 『과잉노동에 시달리는 미국인들』, 앞의 책, 참조. 미국의 임금저하에 대한 구체적 설명은 레스터 투로브 (Lester Thurow)의 『자본주의의 미래』(Die Zukunft des Kapitalismus), Düsseldorf 1998, 38쪽 이하에서 참조할 수 있다.

23 2000년 1월 29일자 『경제인』 참조.

24 쇼르, 『과잉노동에 시달리는 미국인들』, 앞의 책.

제 7 장 : 일은 더 적게 하고, 더 많은 것을 경험하면서 살기 위하여

1 앙케 리히터(Anke Richter), 『시간에서 일탈』(Aussteigen auf Zeit), Köln 1999.

* 원어의 의미를 살린다면, "어느 누구도 자신의 노동을 쉽게 못에 걸어둘 수 없다"로 번역할 수 있다.

2 『슈피겔』, 1999년 31호 참조.

3 이 수치는 우베 예안 호이저(Uwe Jean Heuser)가 산출한 것이다. 『자본주의에서의 불만』(Das Unbehagen), Berlin 2000, 참조.

4 『타게스 짜이퉁』, 2000년 3월 2일자 관련시가 참조.

5 헬무트 지이거(Helmut Saiger), 『노동의 미래는 직업에 있지 않다』(Die Zukunft der Arbeit liegt nicht im Beruf), München 1998.

6 1999년 연방 통계청의 마이크로 자료 참조.

7 앙케 리히터, 『시간에서 일탈』, 앞의 책 참조.

8 〈행복한 실직자들〉의 선언문, 1998년 3월 30일자 『타게스 짜이퉁』참조.

9 하인리히 드뢰게(Heinrich Droege) / 에른스트 페츠(Ernst Petz) 편저, 『게으름이 고귀하다』 (*Faulheit adelt*), Frankfurt 2000, 27쪽.

10 에른스트 페츠, 「근면의 보상」(Lohn des Fleißes), H. 드뢰게/ E. 페츠 (편), 『게으름이 고귀하다』, 같은 곳.

11 〈행복한 실직자들〉의 선언문, 같은 곳.

12 호르스트 오파쇼브스키(Horst W. Opaschowski)는 그의 저서 『의무와 한가로움 사이의 인생』(*Leben zwischen Muss und Muße*)에서 1983년과 1997년의 연금생활자들 대상으로 한 설문조사의 자료를 실으면서, 이 당시 새로 늘어난 연금생활자들의 경우 옛 직장을 아주 멀리하려고 했다는 사실을 보고한다. 이 자료에 따르면, 그들은 당시의 동료들과 사적인 접촉은 계속 유지하고 있지만, 옛 직장만큼은 돌아가고 싶지 않은 금지구역으로 받아 들이고 있다. 1983년의 경우 연금생활자의 24%가 직장을 직접 방문해 옛 동료들을 만났지만, 1997년의 경우 이런 만남은 4%에 불과하게 된다. 반면에 같은 시공간에서 자신의 연금생활에 대한 만족도는 눈에 띄게 상승한다. 1983의 경우 "현재 생활에 만족하며 행복을 느낀다" 고 말한 사람은 겨우 18%에 불과한 반면에, 1997년의 경우 42%나 된다.

13 일제 플라트너(Ilse Plattner), 『게으르지만 착한 사람』 (*Sei faul und guter Dinge*), München 2000.

제 8 장 : 무직생활자 · 딜레탕트 · 게으름뱅이

1 이링 페처, 요제프 테베스(Joseph Tewes), 편, 『개선되지 않은 것이면 아무 것도 하지 않는 태도』(*Nichts besseres zu tun*), Oelde 1989, 27쪽.

2 에곤 프리델, 『근대의 문화사』, 앞의 책, 48쪽.

3 프란츠 헤셀, 『향유를 위한 자극』(*Ermunterung zum Genuß*), Berlin 1981, 54쪽.

4 페르디난트 메느(Ferdinand W. Menne), 「필요한 표어 하나 ― 속도 줄이

기」 (*Verlangsamung. Ein notwendiges Stichwort*), 요제프 테베스 (편), 『개선
되지 않은 것은 아무 것도 하지 않으려는 태도』, 앞의 책, 235쪽 참조.

5 요제프 테베스 (편), 『개선되지 않은 것은 아무 것도 하지 않으려는 태도』,
앞의 책, 235쪽 재인용.

6 콘라드 파울 리스만(Konrad Paul Liessmann), 「당신 얼굴에 흐르는 땀」 (*Im
Schweiße deines Angesichtes*), 울리히 벡크(Ulrich Beck), 편, 『노동과 민주
주의의 미래』 (*Die Zukunft von Arbeit und Demokratie*), Frankfurt 2000, 참
조.

감사의 글

한 권의 책은 쓴다는 것은 한 가정에서 어린애가 새로 탄생하는 것과 같다. 물론 식구들 모두가 아이의 출생을 즐거운 마음으로 기다리지만, 식구들의 신경도 그만큼 예민해지게 된다.

그래서 우선 우리 식구들에게 감사의 말을 돌려야 할 것 같다. 특히 우리 안식구들인 크리스텐 뵈데커(Kristen Bödeker)와 크리스텔 브라이히(Christel Braig)에게 감사한다. 책을 만든다는 것이 그렇게 달가운 일이 아닌데도 불구하고 우리 안식구들은 충분히 숙성되지 않은 우리의 생각들을 논의할 때 귀담아 들어 주었고, 완성되지도 않은 원고들을 꼼꼼히 읽어 주었다.

그리고 우리 아이들, 카타리나, 파울, 베로니카, 요한나, 미르얌과 아노우크에게도 감사한다. 아이들은 아버지들이 현실에 매몰되려고 힐 때마다 항상 현실의 늪에서 벗어나게 하

259

는 각성의 계기가 되어 주었다.

헤르베르트 렌츠-폴스터(Herbert Renz-Polster)는 늘 옆에서 정신적으로 비판해 줌으로써 이 책을 완성하는 데 각별히 기여했다고 말할 수 있다.

우리의 에이전트인 미하엘 멜러(Michael Meller)에게도 진심으로 감사한다. 그는 하고 싶은 말이 아무리 많다 해도 독자들이 쉽게 이해할 수 있는 그런 글을 써주면 좋겠다는 좋은 힌트를 제공했다.

편집을 맡은 홀거 쿤츠(Holger Kuntze)에게도 고맙다는 말을 반드시 전하고 싶다. 그는 창의적인 도움을 제공했을 뿐만 아니라 우리의 계획에 대해 확고한 신의를 보여주었다.

아직 이름을 밝히지 않았지만, 충고와 행동으로, 그리고 자극과 비판으로 도움을 준 많은 분들이 있다. 마리아 드 바사우리(Maria de Basauri), 톰 뵈티히어(Tom Böttcher), 이르멜라 브레트-퇴네(Irmela Bredt-Thöne), 귄테르 페처(Günther Fetzer), 볼프강 헤르만-카우터(Wolfgang Hermann-Kautter), 헤닝 호프만(Henning Hofmann), 게르하르트 쾰벨(Gerhard Kölbel), 항크 이르빈 키텔(Hank Irwin Kittel), 헬무트 몬(Helmut Mohn), 조티리오스 판텔리디스(Sotirios Pantelidis), 우르줄라 레알(Ursula Real), 잉게보르크 레텐마이어-그라인(Ingeborg Rettenmaier-Grein), 아르네 쉐플러(Arne Schäffler), 베른트 위르겐 바르네켄(Bernd Jürgen Warneken), 하리 바스

만(Harry Wassman), 로베르트 베디히(Robert Wedig), 알렉시스 볼프(Alexis Wolf), 베른트 차하리아스(Bernd Zacharias), 이들 모두에게도 이 자리를 빌려 진심으로 감사한다.

일 덜 하는 기술

일은 적게 하면서
인생은 자유롭게 사는 법

초판 인쇄 2003년 4월 3일
초판 발행 2003년 4월 7일

지은이 악셀 브라이히 · 울리히 렌츠
옮긴이 변상출

펴낸이 손자희
펴낸곳 문화과학사
출판등록 제 1-1902(1995.6.12)
주소 120-012 서울시 서대문구 충정로 2가 5-15
전화 02-335-0461
팩스 02-313-0465
e-mail transics@chollian.net

ISBN 89-86598-47-7 03330

· 잘못 만들어진 책은 서점에서 바꿔드립니다.
· 책값은 뒤표지에 있습니다.